J. J. Kämmerer

Geschichte der kurpfälzischen Oberamtstadt Ladenburg

J. J. Kämmerer

Geschichte der kurpfälzischen Oberamtstadt Ladenburg

ISBN/EAN: 9783743374546

Hergestellt in Europa, USA, Kanada, Australien, Japan

Cover: Foto ©ninafisch / pixelio.de

Manufactured and distributed by brebook publishing software
(www.brebook.com)

J. J. Kämmerer

Geschichte der kurpfälzischen Oberamtstadt Ladenburg

Geschichte

der

Kurpfälzischen Oberamtstadt

Ladenburg

ein

Beitrag zur Pfälzischen
Geschichte.

Von

J. J. Kämmerer
Kurpfälz. Weltpriester.

Mit einer Kupfertafel.

Mannheim
gedrukt, in der Hof- und akadem. Buchdrukerei
1789.

§. 1.

Es ist ein edles Beſtreben — würdig des deutſchen Patrioten wenn er die Geſchichte
merkwürdiger Oerter im Vaterlande beleuchtet — mit ſeinem Blike die dunkle Vergangenheit durchdringet, — dem Gange entwikelter An-
lagen und durchgeſezter Plane nachſpüret —
Sitte, Gebräuche, Geſchmak, Religion, Kommerz und Produkte der Alten mit der wirklichen Verfaſſung vergleichet, und überhaupt das
Publikum mit Oertern bekannt macht, deren
Beſchreibung Niemand gleichgültig iſt, dem
noch ein Fünkgen Vaterlandsliebe im Buſen
flammet. Hohe erreichte Stufen in Künſten,
und Wiſſenſchaften, die unſere Ahnen noch
nicht kannten — erweitertes Kommerz, zu dem
unſere kriegeriſchen Urväter nicht einmal An-

A 2

4

lage hatten — Verfeinerung der Sitten, da
dieselben blos Naturmenschen waren, hauchen
dem biederen Deutschen Wonne, und Vergnügen in die Seele, da er im Gegentheile in
volle Gährung geräth, wenn er unsere Ausar-
tung in so manchen großen Eigenschaften, welche die Allemannen karakterisirten, wahrnimmt.

§. 2.

Ladenburg, dessen Geschichte hier dem Publikum in die Hände geliefert wird, ist in man-
cher Rücksicht merkwürdig — Diese Stadt liegt
in der schönsten Gegend der rheinischen Pfalz—
Sie war eine der ältesten Vestungen in Deutschland, sie hatte tausend Schiksale, deren jedes
die Aufmerksamkeit des Patrioten verdient. —
Freher schrieb zwar einen besonderen Kom-
mentar über Ladenburg; Töllner, Pareus,
Lamey, Andreä, Widder und andere berühmte und um die vaterländische Geschichte
verdiente Männer dachten sich tief in diese Geschichte — allein sie lieferten theils nur Bruch-
stücke, theils sind die einzelnen oft sehr wichtigen Nachrichten nur zerstreut — in fliegenden
Blättern enthalten, und was noch der wesent-

lichste Mangel in der Geschichte Ladenburgs
ist, so vermißt man allenthalben Nachrichten
von der neuesten Verfassung dieser Stadt —
Von ihrem wirklichen Zustande, oder Merk-
würdigkeiten weiß man wenig, oder gar nichts.

§. 3.

Ladenburg ist eine Oberamtsstadt der
Rhein- Pfalz — die Stadt liegt hart am rechten Ufer des Nekers, zwei Stunden von Heidelberg, und eben so weit von Mannheim entfernt — Sie hat gegen Osten den Markstlken
Schriesheim, und den Ort Leutershausen,
gegen Süden Edingen und Schwabenheim,
gegen Westen Uelbesheim und Gekenheim, und
gegen Norden Heddesheim, und Straßheim
zu ihren Gränzen.

§. 4.

Der Geschichtschreiber, welcher dem Ur-
sprunge Ladenburgs nachspürt, geräth auf verschiedene Muthmassungen, welche durchaus
labirintisch sind — Ausonius ist der erste, bei
dem der Name dieser Stadt vorkömmt. Dieser klaßische Schriftsteller, welcher die Siege
einiger Römischen Kaiser besungen hat, nennt

unſere Stadt *Lupodunum* a) aus der Endung
dieſes Wortes ſchlieſen Kritiker vom erſten Range b) daß Ladenburg urſprünglich von den Zelten
c) erbaut worden ſei; weil *dune* oder *dunum* nach
der zeltiſchen Mundart eine Erhöhung, auf
welcher Ladenburg liegt, bedeute.   Dieſe nämliche Bedeutung hat ſich noch bis auf unſere
Zeiten in den Niederlanden erhalten; daher
läßt ſich nach den Regeln der Wortforſchung
auf die Benennung des Niederländiſchen See-
hafens *Duynkerken* ſchlieſſen. Dieſe Meinung
erhält noch einige Wahrſcheinlichkeit dadurch, weil die Römer den Oertern, die ſie

---

a) *Moſella* v Idyllio X 420.

— — — nec praemia in undis
Sola, ſed anguſtae veniens quod moenibus urbis
Spectavit junctos nati patrisque triumphos
Hoſtibus exactis Nicrum ſuper & *Lupodunum*
Et fontem latiis ignotum annalibus hiſtri
Haec profligati venit modo Laurea belli.

b) Häſelin in actis academ. Theodoro-Palat. Tom.
3 p. 199 und andere.

c) In den Zeiten vor Kriſti Geburt nannten die Grie-
chen und Römer die herumſchweifenden Nationen
Scyten, und Zelten, worunter auch die Deutſchen begriffen waren.

angelegt haben, lateinische Namen beyleg-
ten. d).

§. 5.

Die Meinung jener Geschichtschreiber e)
welche die ursprüngliche Erbauung Ladenburgs
den Römern zuschreiben, gründet sich auf folgende Beweise: der Reiz der Gegend, und
die bequeme Lage zu einer Festung wider die
Franken hat die Römer, da sie über den Rhein
gesezt waren, veranlasset, sich auf der wirklichen Städte nieder zu lassen — Amian Marzelin
f) thut von einem wichtigen Gebäude, welches
Kaiser Valentinian am Nekar angeführt hat,
Meldung; daher soll dieser Ort Anfangs La-
tinoburg, Valentinoburg, Ulatinburg,
Latinburg genannt worden sein — Allein andere Geschichtschreiber g) verstehen unter die-

A 4

---

d) Alta ripa, Altripp bei Mannheim — Tabernae
montanae, Bergzabern im Zweibrütischen ꝛc. ꝛc.

e) Andreae Lapodan. illuſtrat. §. IV. Freher commentar. de Lapoduno.

f) Rer. geſt. Lib. XXVII & XXVIII.

g) Haeſelin in act. Theod. Palat. l. c.

sem Gebäude das eingegangene Mannheim,
welches in den ältern Zeiten ein Schloß und
Dorf war, das hart am rechten Ufer des
Nekers lag — und wenn Marzelin auch wirklich unter diesem wichtigen Gebäude Ladenburg
verstehet, so sind doch keineswegs jene dadurch
widerlegt, welche Ladenburgs Erbauung den
Zelten zuschreiben — wenn Valentinian den
Ort, welchen die Zelten angelegt, und verlassen hatten, erweitert, neue Gebäude aufgeführt, und mit Thürnen, Mauren, und andern Vestungswerkern versehen hatte, so kann
Marzellin mit Wahrheit sagen, daß Valentinian ein bedeutendes Werk hier errichtet habe.

§. 6.

Aus den Alterthümern, deren die gefräßige Zeit geschonet hat, kann man ebenfalls auf die
ehemaligen Schiksale eines Erdstriches schliessen, und zugleich urtheilen, welche Gestalten
die Oberfläche einer Gegend in einem Jahr-
tausend angenommen, wie groß der Einfluß
der phisischen Abänderungen auf die morali-
schen und überhaupt auf den ganzen Selenzu-
stand der Menschen sei.

§. 7.

Im Jahre 1766 den 22ten May wurde
bei Gelegenheit eines Straffenbaues von Leonhard Eifenhauer einem Burger von Schriesheim ein Römifches Begräbniß entdekt —
der ganze Umfang deffelben beläuft fich in der
Länge auf 84, und in der Breite auf 64 Fran-
zöfifche Schuhe — in dem Gemäuer, welches
fich 6 Schuhe tief in die Erde erftrekt, und
ganz neu aufgeführt zu fein fcheint, find
Höhlungen angebracht, worin noch verfchiede-
ne Urnen, und Afchenkrüge gefunden wurden —
die Lage, Geftalt, und Bauart diefes Begräb-
niffes ift durchaus die nämliche, wie jenes,
welches fich noch ohnweit Neapel befindet, und
von Virgil befchrieben ift.   Der berühmte
Schöpflin liefert eine vollftändige Nachricht
von demfelben. h)   Auf dem Orte, wo diefe
Entdeknng gemacht wurde, fteht nun eine ftei-
nerne Säule mit einer Auffchrift znm ewigen
Andenken i).

A 5

h) Acta acad. Theod. Palat. Tom. III. p. 213.

i) Sepulcri Romani
   Columbarium

Sacellum

§. 8.

Im nämlichen Jahre wurde bei der nämlichen Gelegenheit auf den Gränzen wo sich die Schrießheimer Gemarkung von der Ladenburger trennt, ein Römisches Badhaus herausgegraben. Nach seiner inneren Einrichtung war es völlig nach einem Modelle angelegt, wo die Reize und Wollüsten lebhaft auf die menschliche Sinnen wirkten, wo die Phantasie von wollüstigen Ideen erhizt, und die reine Moralität umgestürzt werden mußte. Seneka k) der große Moralist seiner Zeit verdient, daß seine ganze Schilderung von den Badhäusern der Römer nachgelesen und noch heute beherziget werde. Noch vor einem Jahre wurde eine Teichel, wodurch das Wasser vom Gebirge in das Bad geleitet wurde, gefunden — Sie hatte

---

Sacellum , Coenaculum
Continentis
Fundamenta
Anno
M. D. C. C. L. XVL
Detecta
Locus hio degit.

k) Epist. 51.

im Durchschnitte ohngefähr 3 und in der Difung
1 1/2 Französische Zolle.   Ein Taglöhner, welcher den Werth dieses Alterthumes nicht ge-
kannt hatte, konnte dieselbe kaum mit äusser-
ster Anstrengung seiner Kräfte zerschlagen —
Herr Schöpfelin hat dieses Badhaus sehr
pünktlich beschrieben, 1) ober diesem Badhause ist ein neues Gebäude mit einer Denkschrift
aufgeführt m).

§. 9.

Der marmorne Votivstein, n) den die
Bürgerschaft von Mainz den Römischen Kai-

---

1) Acta acad. Theod. Palat. Tom. II. p. 107.

m) Balneor. roman. fundamenta
    Summis auspiciis
  Car. Theodori Princ. Elect.
      eruta
  Partim tecto muroque munita
  Partimque uti fuerant, defossa
  An. M. D. C. C. L. XVI.

Inschrift	Ergänzung.
n) J. N. H.	DD jovi &
JVNONI R	eginae
MINERVAE	Numini (vel Diis Dea)
BVSQVE IMP	erii pro
SALVTE ET IN	columitate

                    D. D.

fern Maximian und Konstantin aufgerichtet
hatte, und in diesem Jahrhundert in Ladenburg gefunden wurde, ist ebenfalls ein
sprechendes Denkmal aus den Römerzeiten —
der Stein bestand aus zwei zusammengesezten
Tafeln, wovon die eine Hälfte bis hirher noch
nicht gefunden wurde. Herr Schöpfelin hat
denselben ergänzet. Aus der Innschrift, welche auf dieser Tafel angebracht ist, kann man
schließen, daß bei der Römischen Eintheilung
in civitates, Ladenburg zu der civitas mogun-
tiacensium oder Bürgerschaft von Mainz ge-
höret habe.

§. 10.

Man würde alle Gränzen einer Geschicht
überschreiten, wenn man alle Denkmäler, welche aus der Epoche der Römer übrig sind, und
noch täglich in und um Ladenburg entdekt werden, beschreiben wollte. Menschen, und Pferds-

D.D. NOSTRO rum Diocletiani &
MAXIMIANI. felicissimorum
AVGVSTORV m Constantii
ET MAXIMI ani Caesarum
CIVITAS MOG untiacensium
AVRELIO & A nnibalio coss.
Acta acad. Theod. Palat. Tom. I p. 183.

Knochen in der nämlichen Grube, Pfeiler —
Köcher — Beschläge von Harnischen — Römische Streitäxte — Münzen — Knochenstüke von
kollosalischen Thieren, Urnen, und andere Merk-
würdigkeiten, welche in dem Pfalzb. Museum
o) beschrieben sind, werden häufig in und um
Ladenburg herausgegraben — Hieraus läßt sich
mit Gewißheit schließen, daß die Römer nicht
nur einen flüchtigen Fuß herumschweifender
Eroberer, sondern einen festen Wohnsiz ihrer
Herrschaft in dieser Gegend gegründet hatten.

§. 11.

In den Zeiten der Karolingischen Könige
war Ladenburg schon eine Hauptstadt, wovon
das ganze Lobdengau seine Benennung er-
hilt. Die Namen: *pagus Lupodunensis*,
Lobdengowe, *Lobodengowe*, *Lobotingowe*,
Lobodungowe, *Lopodunova* kommen in der
Geschichte häufig zum Vorscheine. In diesem
Lobdengau, welches schon dazumal sehr viele
Fleken, Dörfer, und Höfe in sich begriffen hatte, stand das berühmte Kloster Lorsch, von
dem wir den codex tradit. Laurisheim. besizen,

---

o) 3. Band. 2. Heft. p. 185.

welcher sehr vieles Licht über die Geschichte
unserer Gegend verbreitet — Pipin, Karl der
Große, und andere Fränkische Könige haben
in Ladenburg sehr viele Urkunden ausfertigen
lassen — ein Beweis, daß sie ihren Aufenthalt
in dieser Stadt gewählt hatten. Die Schwie-
rigkeit, warum *Lupodunum*, welcher Name
auf dem Schlußsteine des ohnlängst abgerissenen
Schrießheimer Thores, welches wegen seines
Alterthumes den Einsturz trohete, eingehauen
ist, in Lupoburgum ausgeartet sei, wie man
noch heute auf dem ältern Stadtsiegel wahrnimmt, ist leicht gehoben, wenn man weiß,
daß die Franken, Burgunder, und Katten,
welche die Römer aus dem Ostfranken vertrieben, ihre festen Plätze, und Erhöhungen nicht
mit *dunum*, sondern mit *burgum* ausgedruckt
haben. p) Die verschiedenen Benennungen,
unter welchen Ladenburg vorkömmt, hatten
ferner ihre Quellen in den verschiedenen Mund-
arten jener Völker, in deren Gewalt Ladenburg wechselweise gerathen ist —

---

p) *Augusta Vindelicorum* hieß Augsburgum — *regi-
na Castra* reginosburgum — *argentoratum* — Srat-
burgum.

§. 12.

Diese Gegend war also die erste in Deutschland, wo die diken Wälder niedergehauen, die
reisenden Thiere ausgerottet — Sümpfe aus-
getroknet, mildere Sitten eingeführt, und Anlage zu allen Bequemlichkeiten des Lebens gemacht wurde—Man nannte diese reizenden Ge-
filde, die bezaubernde Bergkette, an deren
Fuße sich die Bergstraße hinabschlängelt, die
ergiebige Erde, und das gesunde Klima schon
vor vielen Jahrhunderten das kleine Italien.
Joseph der zweite, welcher vor einigen Jahren diese Gegend besuchte, nannte sie den schönsten Garten, den je die Natur gebildet hat.

§. 13.

Die zweite Epoche von Ladenburg fängt
mit der Zeit an, wo sich die Römische Herrschaft in Gallien geendiget hat — An unsern
Ahnen, worunter man beinahe eben so viele
Helden, als Männer und Jünglinge zählte,
hat die Welt das traurigste Beispiel, daß Uep-
pigkeit, und lokende Wollüste auch ganze Nationen vergiften — Abgehärtete Deutschen,
die gewohnt waren, auf bloßer Erde zu schla-
fen — die mit den Waffen in der Faust zum

Gottesdienſte ſowohl, als zu ihren übrigen
Verrichtungen gingen, die ohne modiſche, oder
künſtliche Erziehung zu Männern herangewach-
ſen ſind, welche der ſtolze Römer anſtaunte,
wurden Weichlinge, und ſchlummerten unter
fremder Herrſchaft Jahrhunderte hin — Aber
Hermann des Cheruſker Fürſten Siegmars
Sohn rief zum Aufruhr, ſie ergrifen die Waffen wider die Räuber ihrer Freiheit, fochten
von der glühendſten Vaterlandsliebe ange-
feuert, und ſprengten die ſtarken Feßel, in
welche ſie der Römiſche Despotismus ge-
ſchmiedet hatte. König Alodowig, Chil-
berichs Sohn machte der Herrſchaft der Römer in Gallien, welche durch die Burgunder
und Weſtgothen ſchon ſehr eingeſchränkt war,
völlig ein Ende — Er ließ den Römiſchen Feld-
herrn hinrichten, und warf ſich zum unum-
ſchränkten Gebiter von Gallien, und andern
Ländern, welche zu Deutſchland gehörten, auf
Alodowig war der erſte König, der ſich zur
chriſtlichen Religion bekannte, deren heilige
und allbeglükende Vorſchriften er in vielen
Stüken gar nicht befolgt hatte. — Er war
ein Fürſt voller Dükte und Ränke, er ſchonte
                                    nichts,

nichts, um seinen einmal gefaßten Plan durchzusezen. Auch den boshaftesten Unternehmun-
gen wußte er den bästen Anstrich zu geben.
Wie wäre es sonst möglich, daß er von dem
Pabste den Ehrentitel des allerkristlichsten,
auf den die Könige von Frankreich noch stolz
sind, begabt worden wäre? Die Begegnungen
gegen Alderich, und Aldegier Könige der
Allemannen karakterisiren Alodowich auf das
pünktlichste q).

§. 14.

Nun befanden sich alle Beßzungen der Römer und Allemannen in der Gewalt der Fränkischen Könige, welche von Alodowich an auf
immer der kristlichen Religion zugethan waren — Es ist also keinem Zweifel unterworfen,
daß Ladenburg als die Hauptstadt des diessei-
tigen Galliens r) ebenfalls denselben zugehöre-
te—Man findet aber keine Spur in der Geschichte, daß Einer der Fränkischen Könige unmittel-
baren Einfluß auf Ladenburg hatte, bis auf Da-

---

q) Schröks allgemeine Weltgeschicht. III. Theil.

r) *Freheri* Commentar. de Lupoduno — Schannat.
Ecclef. Wormat.

B

gobert den erſten — Die Freigebigkeit dieſes
Fürſten gegen die Kirche und Biſchöffe gränzt
beinahe an die Verſchwendung.   Die mehre-
ſten frommen Stiftungen aus den ältern Zeiten, welche in Oſt- und Weſtfranken beſtun-
den, und noch beſtehen, haben Dagobert ihren Urſprung zu verdanken — in Stras-
burg, Kronweiſenburg, Klingenmünſter,
Landau, Speyer, und Worms findet man
noch Stifter von Dagobert — Auch in Ladenburg, als einer der vornehmſten Städte ſeines
Reiches errichtete er unverwesliche Denkmäler
ſeiner Frömmigkeit.   Er verſchenkte die Stadt
ſamt Gebäuden, Leibeignen, Weingärten,
Aekern, Wieſen, und Heiden nebſt dem For-
ſte im Odenwalde der Hauptkirche zum Heil.
Peter im Worms — Er behilt ſich nichts vor,
als die Steuer, und Grafſchaft, oder die obere Gerichtsbarkeit, welches ohne Zweifel darum geſchah, weil ſich die Biſchöffe dazumal
noch nicht mit irrdiſchen Geſchäften abgegeben
haben. s)   Dieſe königliche Schankung wur-

___

s) *Schannat* l. c. das Diplom wird im biſchöflichen
   Archive zu Worms aufbewahret — auf dieſe Schankung von Dagobert berifen ſich die Geſandten von
                    Worms

de nachher von mehreren Fränkischen Königen,
und sogar von Kaiser Otto im Jahr 970 be-
stättigt, die Steur und Grafschaft aber blib
ein Eigen zum der königlichen Gewald; bis Heinrich der zweite, welcher der Kirche auf das
wärmste zugethan war, i. J. 1011 dem Domstifte
von Worms, auch die obere Gerichtsbarkeit ge-
schenkt, und den Bischoff Bernhard mit
der Grafschaft Lobdengau samt allen Zu-
gehörden, belehnt hat t).

§. 15.

Dagobert soll eine Stiftskirche in Ladenburg errichtet haben, die er mit reichen Einkünften, und Pfründen versehen hatte — allein
dazu hat man weder Beweise noch Urkunden —
In einem einzigen Lorscher Diplome vom Jahr
788 wird einer Kirche in Lobetdenburg u) ge-

B 2

Worms auf dem Kongresse zu Heilbronn 1667 wo
Kurmainz, Worms, und Würtemberg gegen
Kurpfalz wegen des Wildfangsrechtes im Otten-
walde agirten. Justitia causae Palat.

t) Widders geographische Beschreibung der
Kurpfalz. 1. Theils 452.

u) Codex tradit. Lauriſh. Tom. p. 348.

dacht, welches nach allen Regeln der Kritik
nicht von der Galluskirche, sondern von der
Mauritiuskapelle, wovon man nur noch weni=
ge Ruinen auf der Südseite der Stadt antrift,
verstanden werden kann. Die Galluskirche hatte
ehedessen 12 Altarpfründe, welche bis in die Re-
formationszeiten, wie man aus vielen Grab=
schriften wahrnimmt v) mit Altaristen besezt
waren — von diesen 12 Pfründen sind noch 8
vorhanden, welche theils der Kirche selbst, theils
der Kurfürstlichen Hofkammer, und geistlichen
Güterverwaltung zugehören — Die Häuser,
welche um die Galluskirche gebaut sind, worunter sich auch ein reformirtes Pfarr- und
Schulhaus befindet, werden noch bis auf den
heutigen Tag die Häuser der Stiftsherrn genannt. Das wirkliche Gebäud, welches noch
ganz nach dem gothischen Geschmake aufgeführt
ist, wurde in dem Anfange des 15ten Jahrhun-

v) ANO DNI 1518 decima die octobris ⊙ nobilis
honorabilis Dnus HARTMANVS HEIRMECK ca-
pel. Altaris Sancte Katarine C9 ma requiescat in
pace. ANNO DNJ 1531. 12 die aprilis obiit honorabilis Dnus Angustinus Faud cap. A. Sancti
Georgii quiescat in pace.

berts von dem Bischoffe Johann von Fleienstein
aufgerichtet, es hat zwei Thürne, und macht
einen Majeſtätiſchen Anblik — Die Aufſchrif=
ten, welche ſich auf den beiden Thürnen be=
finden, beweiſen, daß der öſtliche Thurn um
w) 49 Jahre ehe er erbaut worden ſei, als der
weſtliche x) welches man auch aus dem äl=
ternden Anblike des erſtern ſchließen kann.
Von Dagobert iſt übrigens noch merkwürdig,
daß er ſich meiſtens in unſerer Gegend, und

B 3

---

w) AÑO DÑJ M. C. C. C. C. XII SEXTA DIE JUNII
REVERENDVS

JN XTO PATER ET DÑS DÑS DE FLEIENSTEIN
ELECTVS CONFIRMATVS WORMATIENSIS PO-
SVIT PRIMVM LAPIDEM FABRICAE TVRRIS
HVI9 ECCLESIAE JTHJC TEPORE JHJS
DE BATTENBVRG PLEEAJ J9 EDIS

Deutſch: Im Jahre des Herrn 1412 den 6ten
Juny hat der hochwürdige Vater in Kriſto und
Herr Herr von Fleienſtein erwählter und konfir=
mirter Biſchof von Worms den erſten Stein zu
dieſem Gebäude und zum Thurne dieſer Kirche
gelegt, zu dieſer Zeit war ein Herr von Bat=
tenburg Pfarrer in dieſer Kirche.

x) M. CCCC. L. XI.

in dem heutigen Unterelsasse aufgehalten habe,
wo man noch sehr viele Ruinen von Schlössern,
Klöstern, Stiftern, und andern Gebäuden,
deren ursprüngliche Erbauung man diesem Könige zuschreibt, antrift.   Sein Name ist noch
nach einem Jahrtausende in der ganzen Ge-
send in gesegnetem Andenken — Seine grän-
zenlose Freigebigkeit erstrekte sich nicht nur auf
Kirche, Bischöffe, und andere geistliche Stiftungen, sondern auch auf seine Unterthanen,
jede Gemeind im untern Elsaß rühmt sich, un-
geheure Streke Waldungen samt dem Wild-
fangsrecht, die man die Kreite nennt, von
ihm erhalten zu haben y). In Dagoflingen,
einem Pfälzischen Orte ohnweit Landau, wel-

---

y) Das Original von Dagoberts Testamente soll
noch in dem Stiftsarchive zu Kronweisenburg
aufbewahret sein, allein der Kritiker muß sehr
kurzsichtig sein, wenn er sich nicht bei dem ersten
Anblike von der Unächtheit dieses Testaments
überzeugen könnte, es ist höchstens ein Product
aus dem 15ten Jahrhundert.   Nichts desto we-
niger muß jeder Patriot den schlechten Zustand
dieses Archivs, welches so viele wichtige Urkunden zur Aufklärung der vaterländischen Geschichte enthält, bedauren.

ches nun Göklingen heißt, soll Dagobert
gestorben, und in der Stiftskirche zu Landau
begraben sein.

§. 16.

Nun geräth man auf eine große Lüke in der
Geschichte Ladenburgs; alle Urkunden schwei-
gen, bis in das 12te Jahrhundert, wo die Herzoge des Rheinfrankens aus dem Hohenstau-
fischen Hause Epoche machten. Die Macht
dieser Herzoge erreichte einen sehr hohen Grad,
und wurde allen angränzenden Staaten furcht-
bar, und eben darum maßten sie sich die Ka-
stenvogtei über die Stifter, und Klöster an —
Einige Bischöffe, und Aebte haben ihnen
den Schuz derselben freiwillig übertragen;
Aus diesem Grunde übte Pfalzgraf Konrad
die Gerichtsbarkeit über Ladenburg aus, und
aus eben demselben behauptet Freher, Leh-
mann, und Töllner, daß die Pfalzgrafen bei
Rhein, noch ehe Heidelberg gestanden, in Ladenburg ihr Hofgericht gehalten haben. In
diesem Jahrhunderte glänzen einige Männer
in der Geschichte Ladenburgs, welche glänzende Würden in Deutschland bekleidet hatten. Im
Jahre 1150 war *Regembodo* von Lobdenburg

B 4

ein vornehmer Dienſtmann des Biſchoffes von
Speir — und *Arnoldus*, und ſein Bruder
Heinrich Dienſtmänner bei der Hauptkirche zu
Worms, deren Namen bei verſchiedenen Un-
terhandlungen mit dem Abte von Schönau un-
terzeichnet ſind. z)

§. 17.

In dieſen Zeitläuften haben ſich die ſchrek-
barſten Streitigkeiten zwiſchen den Bürgern
der Kleriſei, und dem Biſchoffe von Worms
entſponnen — Die Bürgerſchaft von Worms
empörte ſich nicht ſelten gegen dieſelbe, wo ſie
ſich immer außer Worms flüchten mußten, um
der Wuth des aufgebrachten Pöbels zu ent-
gehen — Bei ſolchen Aufruhren flüchteten
ſich die Biſchöffe mit ihrer Kleriſei meiſtens
nach Ladenburg. Den großen Biſchoff
Johann Kämmerer von Dalberg, welcher
1486 zu dieſer Würde erhoben wurde, traf
das nämliche Schikſal. Fortdaurender Aufruhr der Wormſer entfernte ihn von ſeinem
ihm eigenen Biſchoffſize — Die paradieſiſche
Gegend, das gedeiliche Klima und die herr-

---

z) *Gudenus* Sylloge. illuſt. vir. p. 10 & 12.

liche Lage Ladenburgs reizte ihn in dieser Stadt
Hofe zu halten. Er nahm seinen Siz in dem
sogenannten königlichen Pallaste, den man den
Saal nannte, und dessen ursprüngliche Erbauung man einigen Fränkischen Königen zuschreibt.
Dalberg war vor seiner Erhöhung zum Bischöffe Kanzler des Kurfürsten Philipps des
Aufrichtigen, welche Würde er auch als Bischoff beibehalten hat. Dieser Bischoff war einer
der größten, den Deutschland in seinen Jahrbüchern aufweisen kann — Der Pfalz gab er
als Kanzler die aufrichtigsten Beweise seiner
Treue, und Ergebenheit — Er war der erste,
der die Roheit und Barbarei von der hohen
Schule zu Heidelberg verbannte, und Künste
und Wissenschaften auf einen hohen Grad
der Vollkommenheit emporbrachte — Durch
ihn wurde Heidelberg der Sammelplaz aller
großen Geister Deutschlandes. Philipp, dessen
Vertrauter er war, war eben der größte Be-
förderer der Wissenschaften — er verwendete
königliche Summen, um die Lehrstühle seiner
Universität mit Gelehrten vom ersten Range
zu besezen — Unter diesen großen Männern,
und Beförderern der Wissenschaften in Deutsch-

B 5

land verdienen vorzüglich ein ewiges Anden=
ken Rudolph Agrikola, der Lehrer und Füh=
rer des großen Dalbergs, Oekolampadius,
Johann Reuchlin, der Abt Trithemius Ja=
kob Wimpfeling, u. a. m.   Die berühmte
Pfälzische Büchersammlung, welche unter den
Nachfolgern Philipps zu der berühmtesten in
der Welt angewachsen ist, nahm unter Dal=
berg ihren Anfang.   Alle vortrefliche Werke
in Deutschland und Italien wurden aufgesucht,
und nach Heidelberg gebracht — Die bischöff=
liche Bibliothek selbst in Ladenburg, worunter
sich eine kostbare Sammlung Lorscher Manu=
scripte befand, wurde der Heidelberger einver=
leibt — Dalberg verband mit den tiefsten
Kenntnissen in jedem Fache der Wissenschaf=
ten den edelsten Karakter, laut pochendes Ge=
fühl für alles, was ihm Pflicht und Religion
gebot — Klugheit bei jeder Unternehmung —
Wärme für das Glük der Menschheit adelten
denselben mehr, als seine langen Ahnenreihen.
Trithemius ein gleichzeitiger Schriftsteller a)
macht die erhabensten Lobsprüche von ihm und

---

a) In der Dedication des Werkes de Scriptoribus
   ecclesiast.

Wimpfeling b) deſſen eigene Worte hier ange=
führt werden, ſchildert ſeinen Ruhm mit auf=
ſerordentlichen Farben: Dalberg, ſchreibt er,
der große Biſchoff von Worms hat in
der Litteratur keinen ſeines gleichen;
Er iſt die Ehre der Deutſchen, die Zier=
de ſeiner Familie, und der Mann, auf den
Philipp der Kurfürſt mit Recht ſtolz war;
Man nennt ihn billig das Muſter der
Biſchöffe, und ſeine außerordentliche Ge=
lehrſamkeit, ſeine großen Tugenden mit
denen er überall hervorleuchtet, ſind Be=
weiſe, daß er noch zu höhern Würden ge=
bohren iſt — Dalbergs vortrefliches Werk
de re monetaria — ſeine Gedichte, und Ge=
legenheitsreden ſind heute noch in hohem Wer=
the.   Unter dieſem Biſchoffe wurde Petrus
Bolandus im Jahre 1495 von Schriesheim
nach Ladenburg ſeinen Geburtsort als Pfar=
rer berufen, ein abermaliger Beweiß, wie ſehr
Dalberg die Wiſſenſchaften zu ſchäzen wußte.

§. 18.

Bollandus war ein Mann, der mit den
größten Gelehrten ſeiner Zeit wetteiferte. Tri=

---

b) Cap. XXV Iſidonei.

themius c) ſpricht mit ſeltenem Ruhme von ihm ;
er beſaß die ausgebreiteſten Kenntniſſe — er
hatte es in jedem Fache der Wiſſenſchaften,
beſonders aber in der Philoſophie, Mathema-
tik, und Theologie ſehr weit gebracht. Bol-
land hatte ebenfalls hohe Kenntniſſe in der
Dicht- und Redekunſt erreicht u. ſ. w. Daß
Johann von Dalberg ſehr vieles zur Verſchö-
nerung der Stadt, und Erhöhung des gottes-
dienſtlichen Prachtes beigetragen habe, läßt
ſich ſchon aus der herrlichen Gloke ſchließen,
welche unter ſeiner Regierung für die Galluskirche gegoſſen wurde. d)

---

c) De viris illuſtribus p. 127.

d) Die Inſchrift dieſer Gloke am obern Rande.

SANCT ⸘ GALLEN ⸘ GLOCK ⸘ BLN ⸘ ICH ⸘
GENANT ⸘ UND ⸘ UZGESPROSSEN ⸘ PETER ⸘
ZOR ⸘ GLOCKENM. ⸘ ZU ⸘ SPIER ⸘ HAT ⸘
MICH ⸘ GEGOSSEN. ⸘

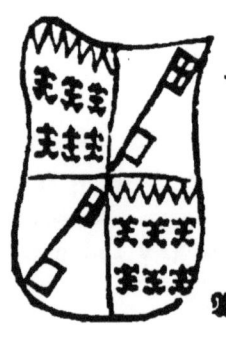

§. 19.

Verschiedene Briefe mit Urkunden von den
Bischöffen Diedrich, und Philipp sind in Ladenburg ausgefertigt. — Der Bischoffsaal der
wirklich noch vorhanden ist, die Bildnisse der
Bischöffe, welche man vor kurzem noch in demselben sah, verschiedene ihrer Wappen, und
Inschriften, sind überzeugende Beweise, daß
die Bischöffe von Worms lange Zeit in Ladenburg ihren Siz hatten. — Unter den Inschriften zeichnet sich besonders jene aus, worauf
die Name *Georgii* von Mergentheim — und
Wilhelmi von Bernichingen mit der Jahr-
zal MCC.CC ausgehauen sind — Auf der lin-
ken Seite dieses Monumentes liest man die
Innschrift. *Georgius Dei gratia Episcopus*

Am untern Rande.

```
IN + DEM + IAR + DES + HERREN +
CCCC + I| + UZCEFLOSSEN + UF + AP-
PLOS + UND + GENAD + DES + HOCH-
WIRDIGEN + BISCHOF + UND + HERRN +
HER + HANSEN + ZO + WORmTZ +
HANZ + MELCHER + UND + PETER +
SAUR + KIRCHENMEISTER + ⚜
```

Wormatienſis — Wilhelmus Dei gratia elec-
tus & confirmatus Epiſcopus Wormatienſis.
Am Eingange der Schnekenſtiege ſtehen die
Verſe.

Principe Vangionum Guilielmo Sceptra
tenente

Sicque volente ſtruor commodiore gra-
du e)

Hier ſind ebenfalls die Namen *Effern*, *Met-*
ternich, *Merade*, *Ketzge* mit ihren Familien-
wappen ausgehauen, welche als Biſchöffe von
Worms hier Hof hielten. Einige Biſchöffe
liegen in der Sebaſtianus, oder in der ehemaligen Schloßkirche begraben.

§. 20.

In der Epoche, wo die Reichsſtände an-
fingen die reichen Beſizungen der Biſchöffe,
und Klöſter mit neidigen Augen anzuſehen,
findet man eine Kette der grellſten Abwechſe-
lungen der Grundherrſchaften Ladenburgs.
Graf Wallram von Spanheim, dem die
Hälfte der Stadt verſezt war, gerieth mit dem

---

e) Unter der Regierung Willhelms des Biſchoffes
von Worms und auf deſſen Befehl wurde dieſe Stiege bequemer gebaut.

Bischoffe Salamann in eine Fehde, welche endlich unter dieser Bedingniß geendigt wurde, daß dem Grafen die Hälfte von Ladenburg und des Schloßes Stein um 23000 Florenzer Gulden Pfandweiß eingeräumt wurde. Kaum waren diese Unruhen in Ladenburg gestillt, so wurde der eroberte Antheil in einer gerechten, und angekündigten Fehde, wie die Urkunde sagt, dem Grafen von Spanheim, von einigen Rittern, und Edelknechten abgenommen, und an den Pfalzgrafen Rupprecht den ältern, den Stifter der hohen Schule zu Heidelberg um 600 Florenzer Gulden verkauft — Im J. 1386 stellte der Graf von Spanheim selbst dem Kurfürsten eine Urkunde für 21000 fl. auf Wiederlösung aus, in welcher er demselben seine Rechte auf Ladenburg abgetretten hat — In dieser Zeit wurde der Glanz der Stadt bald erhöht, bald verdunkelt — Stelle man sich auf einer Seite die Residenz eines Bischoffes mit seiner hohen und niedern Geistlichkeit, mit einem zahlreichen Adel, und dem Zusammenflusse von Menschen aus allen Ständen vor, auf der andern Seite aber die grausamsten Kriege der verbittersten Feinde, wovon

Ladenburg meiſtens der Schauplaz war — und
man wird leicht auf den Wechſel der Schikſa-
le der Stadt ſchließen können.

§. 21.

Die Hälfte von Ladenburg blieb indeſſen
allzeit in den Händen der Pfalzgrafen , bis
Pfalzgraf Philipp im J. 1505 ſeinen halben
Theil an den Biſchoff von Worms auf Wie-
derlöſung verkauft hatte. Allein Kurfürſt Fried-
rich der III brachte dieſen Theil durch Zurük-
bezahlung der geliehenen Summe wieder an
ſich , nahm die St. Galluskirche in Beſiz ,
führte in Ladenburg das von ihm angenom-
mene helvetiſche Glaubensbekenntniß ein, und
beſezte Ladenburg mit einem Superintentenden,
welcher Johann Silvan hieß — Dieſer Silvan iſt ein Mann, welcher in der Religions-
geſchichte der Pfälzer ſehr merkwürdig iſt. In
dem Kriſis des helvetiſchen Glaubensbekennt-
niſſes verfiel Silvan auf arianiſche Grundſäze,
und ließ ſich mit Adam Neiſſer einem reformirten Prediger zu St. Peter in Heidelberg
in einen geheimen Komplot wider die Kriſten-
heit ein — Da man ſeine Schriften durchſuch-
te, fand man eine Abhandlung von ihm unter
dem

dem Titel: wider den dreiperſönlichen Ab=
gott, und zwei Naturten Gözen, und in
der Inquiſition ſein Einverſtändniß mit Neu=
ßer, welcher ſogar die Türken mit ins Spiel
zog; das erſte war eine Gottesläſterung, und
das leztere eine politiſche Verrätherei, deswe=
gen wurde Silban am 23ten Dezemb. 1572
auf dem öffentlichen Marke zu Heidelberg ent=
hauptet. f)

§. 22.

Nun brachen traurige Zeiten für Ladenburg
herein — die Reformation war die Quelle un=
zählbarer Uebel für dieſe Stadt. Ein Theil
der Bürger nahm dieſelbe an, der andere aber
verwarf ſie. Was war natürlicher, als daß
dieſelben mit einander in Kolliſion geriethen,
die in die blutigſten Fehden ausbrachen. Es
entſtanden oft die wildeſten Empörungen, wo=
bei ein Burger den andern aufrieb — Die Köp=
fe waren durch unſinnigen Religionseifer ſo
ſehr erhizt, daß das Kind ſeines Vaters nicht
ſchonte. — Obſchon Ladenburg dadurch ein
Schauplaz des Elendes, und der tragiſchen

---

f) Struv. Kurpf. Kirchenhiſtorie. Frankf. 1721
p. 214 bis 229.

C

Auftritte geworden war, so hatte dennoch die
Annahme der Böhmischen Krone von Kurfürsten Fridrich dem V weit schrekbarere Folgen
für Labenburg sowohl, als für die ganze Pfalz.

§. 23.

Die Böhmen erregten einen Aufruhr wider
ihren König, den Kaiser Ferdinand den zweiten aus dem Hause Oestreich; sie nahmen dem-
selbem die Böhmische Krone, und trugen sie
Fridrich dem V im J. 1619 an, Fridrich nahm
dieselbe auf Zureden seiner Gemahlin Elisa-
beth der einzigen Tochter Jakobs des Königs
in England an. Er wurde am vierten Win-
termonat des vorbesagten Jahres zu Prag feierlich als König von Böhmen gekrönt — Hier
öffnete sich der traurigste Zeitpunkt für die
Pfalz. Schon lange hatte die Eifersucht einiger großen Mächte in Deutschland, und die
warme Anhänglichkeit Fridrichs an die helve-
tische Glaubenslehre Flammen angezündet,
welche bei dieser Gelegenheit in voller Wuth
ausbrachen — Ferdinand eilte mit seiner ganzen Macht vor Prag, schlug Fridrich auf das
Haupt, raubte ihm die Böhmische Krone, und
zwang ihn sich mit den seinigen nach Holland

zu flüchten. Unterdessen brachen die Bajern
und Spanier in die Pfalz ein, und richteten
allenthalben die traurigsten Verherungen en —
Gleich im Anfange des 30jährigen Krieges
nahm Tilli der Bajerische Feldherr Ladenburg
ein — Dieser feindliche Heersführer war eine
große Geisel für die Bürgerschaft. Er trieb
zwar niemand von seinen Besizungen, schonte
der Stadt mit Feuer und Verherung, aber
die Burger mußten beinahe unerschwingliche
Summen Kriegssteuer entrichten; sie wurden
mit Frohnen, und mit der Herbeischaffung des
Kriegsvorrathes hart mitgenommen, und wer
sich nur zu widersezen schien, wurde ohne Rüksicht ein Opfer feindlicher Strenge — Auf einmal schien ihr Schiksal erträglicher zu werden,
Mannsfeld der Anführer der Pfälzer vertrib
die Bajern aus Ladenburg sowohl, als aus
vielen andern Pfälzischen Oertern, da er dieselben bei Mi goldsheim einem Speiri-
schen Dorfe zwischen Heidelberg und Bruch-
sal geschlagen hatte. Adolph von Eineden
ein Spanischer Feldherr, welcher Ladenburg
besezt hatte, widersezte sich zwar dem Mannsfeld mit verzweifeltem Muthe. Allein Manns-

feld nahm 16 Tage nach dem Siege bei Min-
goldsheim die Veſtung mit Sturme ein, welchem Fridrich der 5te, der ſich wegen des
Schuzes der Schweden aus Holland wieder
in ſeine Staaten begeben hatte, ſelbſt beiwohnte. Die ganze Beſazung wurde niedergehau-
en, und aller Kriegsvorrath der Bajern, und
Spanier, welche in Ladenburg große Maga-
zine angelegt hatten, erbeutet. Nun ſollte ſich
die gedrukte Bürgerſchaft einigermaſſen erho-
len, aber Mannsfeld drukte ſie weit erſchrök-
licher, als der Feind ſelbſt — Die Bürger wurden unmenſchlich behandelt, das Schloß nie-
dergeworfen, die Stadtmauern geſchleift, und
viele ſchöne Gebäude, welche das Loos traf,
in Steinhaufen verwandelt. Alle Nachrichten
verſichern, daß niemal grauſamere Feinde in
der Stadt gewüthet haben — Nicht lange darauf eroberten die vereinigten Spanier, und
Bajern Ladenburg wieder, und behielten es
ſo lange in Beſize, bis Guſtav Adolph der
Schweden König die Stadt ſamt der ganzen
Bergſtraſſe im J. 1631 in Beſiz nahm g) Im

g) Pareus hiſt. palat. lib. VI. ſect. 3.

Jahre 1644 rükten abermal ungesättigte Feinde in die Stadt, — die Franzosen bemeister-
ten sich derselben, und erpreßten bei Anrükung
der Bajern, welches im nämlichen Jahre und
Monate geschah, unerschwingliche Summen. —
Die Bürger befanden sich hier in der erschröklich-
sten Lage — nachdem sie ganz erschöpft waren,
und nichts mehr zum eigenen Genusse übrig
hatten, so schlug Marschall von Turenne eine
Schiffsbrüke über den Neker, und vereinigte
sich mit den Schweden, und Hessen.

§. 24.

Diesen tragischen Begebenheiten wurde
zwar durch den Westphälischen Frieden ein Ende gemacht — Kurfürst Karl Ludwig kam
wieder zu seiner Hälfte von Ladenburg, aber
schon im J. 1661 entsponnen sich neue Zwistigkeiten, die neues Unglük über die Stadt,
die noch allerdings in ihrem Schutte lag, her-
einführten — Hugo Eberhard Bischoff von
Worms wollte sein vermeintes Wiederlösungs-
recht ausüben — Er suchte es auf allerlei Art
durchzusezen, aber Karl Ludwig vereitelte immer seine Plane. Der Kurfürst ließ die östli-
che Stadtmauren, die kaum wieder einiger-

maſſen aufgeführt waren, niederreiſſen, der
Biſchoff aber eine Lothringiſche Beſazung in
die Stadt einrüken — die Bürger hatten
ſich noch nicht erholt, und mußten wieder fremde Trappen unterhalten. Der Biſchoff wandte ſich an den Reichshofrath und der Kurfürſt
an die allgemeine Reichsverſammlung, die
ganze Rechtsſache wurde mit der größten Ver-
bitterung betrieben, und die beiden hohen
Reichsgerichte faßten Schlüſſe ab, die einander widerſprachen.

§. 25.

Bald darauf erloſch die Simmeriſche Li-
nie, und der Orleaniſche Succeßionskrieg
brach in vollen Flammen aus — Der Prozeß
zwiſchen dem Kurfürſten und Biſchoffe gerieth zwar in Stokung, aber das Schikſal Ladenburgs war abermal traurig, indem es ſeinen Antheil an der Franzöſiſchen Zeche 1693 bezahlen mußte — Die Stadt wurde geplündert,
und über die Hälfte davon in Aſche verwandelt. Man flehete um Schonung des Ho-
ſpitals, aber umſonſt! es wurde verhert.
Nur der Galluskirche, und der Häuſer der
Chorherrn wurde geſchont, weil ſie die Bür-

ger als Stiftungen eines Fränkischen Königs angaben; die Geschichte giebt keinen Aufschluß, ob sie aus Verzweiflung oder aus Unerfahrenheit, auf den Gedanken gerathen sind: ihre Aussagen durch die Lilien eine Art von Wahrscheinlichkeit zu geben, welche mit Gothischen Zügen auf den Gloken angebracht sind. Allein wer nur oberflächliche Kenntnisse von der Wappenkunde besizt, ist beim ersten Anblike überzeugt, daß diese Lilien keine andere waren, als das Dalbergische Geschlechtswappen. Es ist schon oben gezeigt, daß unter Johann Kämmerer von Dalberg diese Gloken gegossen wurden. Aber wem muß nicht ein glüklicher Irrthum gefallen, der so unseligen Verherungen vorgebogen hat? h)

§. 26.

Kaum war der Orleanische Krieg geendiget, so wurden ebenfalls alle Zwistigkeiten zwischen Kurpfalz und dem Bischoffe von Worms,

C 4

---

h) Bei dieser Verherung wurde das städtische Archiv ausgelert, die Schriften auf die Straßen geworfen, und den Pferden vorgestreut — ein Verlust, der nicht mehr zu ersezen ist.

welcher ein Bruder des Kurfürsten war l) gehoben — Die Stadt Ladenburg wurde samt
den Dörfern Nekarhausen, Altenbach, Rin-
ges, und Heubach mit allen Oberherrlichkei-
ten, und Gerechtsamen auf ewig erb und ei-
genthümlich an Kurpfalz abgetretten k). Das
Domkapitel von Worms behielt nur einen Theil
des großen Zehnden samt einigen unbedeu-
tenden Gefällen in Ladenburg, worüber ein besonderer Schaffner unter dem bisherigen Titel eines Domkapitularischen Amtmanns
in der Stadt angestellt ist. Von nun an stand
Ladenburg bis auf den heutigen Tag unter
dem wohlthätigen Szepter des Pfälzischen Kur-
hauses.

§. 27.

Der zahlreiche Adel, welcher in dem mit-
tern Zeitalter in Ladenburg wohnte, ihre Pal-
läste und reichen Besizungen, die zum Theile

---

i) Dieser Bischoff erbaute noch den großen Thor-
bogen an der Einfahrt in den Bischoffshof — daher ist das Pfälzische und Bischöfliche Wappen
auf dem Schlußsteine desselben ausgehauen.

k) *Lynigins* Spec. eccles. p. II p. 331. Widder
l. c.

noch vorhanden sind, sind abermal Beweise,
daß Ladenburg eine der glänzendsten Städte
Deutschlandes war. — Die uralten Familien
Bettendorff, Bozheim, Zitschberg, Ull-
ner, Kronenberg, und Sikingen hatten
weitschichtige Güter in Ladenburg, die aber
nach und nach in fremde Hände gerathen sind.
— Das Kronenberger freiadeliche Gut gehört
dem Freiherrn von Sturmfeder, das Domkapitel von Speir hatte dasselbe lange in Besize,
aber durch ein Urtheil vom Reichshofrathe wurde es den Freiherrn von Sturmfeder, welche
ihre Ansprüche glüklich durchsezten, eingeräumt.
— Das Sikingische Gut gehört dem Kurpfälzischen geheimem Rathe von *Mantbuisson,* welcher es vor einigen Jahren für 24000 fl. an sich
gekauft hat. Die Freiherrn von Huntheim
sind im Besize der Bozheimischen Güter. Die
Bettendorfischen wurden theils den Kronen-
burgischen einverleibt, wie man auf einer Inschrift am Eingange in den Sturmfederischen
Hof liest. 1) Der größte Theil derselben aber

C 5

---

1) Im Jahr nach der seligmachenden Geburt unsers
Erlösers Jesu Kristi eintausend, fünfhundert ach-

kam durch einen Kauf an die Nonnen von Porzheim von diesen an die Jesuiten von Mannheim, nun aber haben es die Lazaristen in Besitze, welchen alle Jesuiter Güter in der Pfalz vor 9 Jahren übergeben wurden. Unter die Freiheiten, welche den adelichen Höfen eigen sind, gehört die kleine Jagd, welche nach und nach auf viele Höfe, Aemter, und Güter

---

zig sechs ward durch den Edlen gestrengen, und vesten Hartmutten von Kronberg dem ältern Kurfürstlichen Mainzischen Rath Großhofmeister und Amtmann zu Höchst und Hoffheim diese Behausung, damals der Bettendorfer Hof genannt, erkauft und hernach durch mich Hans Vögen von Kronberg seinen Sohn mit zu thun meiner geliebten Hausfrauen Anna Margaretha gebornen Cemmerin von Worms genannt von Dalberg zum Theil erneuert, und theils aus dem Grund, wie vor Augen steht, aufgeführt, auch inwendig als außerhalb der Stadt mit Lust, und nützlichen Gärten, mit sonderm Fleiß geziert — und im Jahr Tausend sechs hundert fünf durch Segen Gottes allerdings vollendet. Der Allmächtig woll uns beiden Eheleuten ein seliges End, und mit den verstorbenen ein frölich Ufferstehung gnädiglich verleihen — Dieses nunmehr Cronbergische Wesen auch vor Unglük und allem Uebel bewahren.

ausgedehnt wurde, nun aber durch ein Kur-
fürstliches Rescript zu ihrer ursprünglichen Verfassung verwiesen worden ist.   Der Adel in
Ladenburg widersezte sich lange Zeit Beiträge an
Kriegssteuern zu entrichten, aber derselbe wurde durch einen Kurfürstlichen Befehl angehalten, seinen Antheil nachzuzahlen, welcher vor
kurzer Zeit erst vollzogen wurde.

§. 28.

Die Stadtgräben, Thürne, Mauren, und
andere Vestungswerker sind Ueberbleibsel aus
dem mittlern Zeitalter, wo man noch kein Feu-
ergeschüz hatte — Die Stadt ist mit 7 hohen
Thürnen umgeben, unter welchen der Hexen-
oder Diebsthurn auf der Nordseite merkwürdig ist — es ist ein Denkmal aus den Zeiten des
Faustrechts, wo man beinahe so viele Räuber, als Ritter zählte.   Dieser Thurn diente
auch zum Gefängnisse der Hexen und Zaube-
rer, welche in den finstern Zeiten häufig zum
Vorscheine kamen, wo man jede Würkung der
Natur, die man nicht begriffen hat, für Zau-
berei hielt — Er ist nach dem nämlichen Mo-

delle gebaut, wie jener zu Oppenheim, Weinheim m) Zrobsberg und Stralenburg.

§. 29.

Neben dieſem Thurne iſt der Martinsthurn,
wo das Bildniß des heiligen Martins auf einem Pferde, in einer Höhlung in Mannsgröſ-
ſe ausgehauen iſt, welcher ſeinen Mantel theilt,
und die Hälfte einem knienden Bettler dar-
reicht — Wenn man von dieſer Statüe auf
den herrſchenden Geſchmak damaliger Zeiten
ſchlöße, ſo wäre es eine Epoche geweſen, wo
die Künſte und Wiſſenſchaften in tiefer Rohheit
lagen — An dieſem Thurne nimmt man noch
deutlich die Spuren des Spaniſchen und Baſ-

---

m) Bekannt iſt es, daß die Herenthürne ihren
Eingang nicht auf der Ebene, ſondern in einer
kleinen Erhöhung hatten; weil ſich nach der herrſchenden Volksmeinung die Heren flüchten konnten, wenn ſie die Erde berührten — In Weinheim iſt neben dem Herenthurn ohngefähr eine
Muthe entfernt, noch ein anderer Thurn aufgeführt, und ohngefähr 40 Franzöſiſche Schuh hoch —
unmittelbar unter dem Dache iſt die Oeffnung des
Herenthurns angebracht; wo der Delinquent auf
einer Brüke aus einem Thurn in den andern
gelaſſen wurde, worauf man die Brüke abgezo-
gen hat.

rischen Geschüzes wahr — in einer kleinen Ent»
fernung befinden sich die Ruinen der Martins»
kirche, welche ebenfalls von den Spaniern ver»
heret wurde — Die alten Mauern, die ver»
schiedenen Fundamente, die Gelage von Zie»
gelsteinen, und steinerne Särge n) welche man
auf den umliegenden Feldern herausgräbt,
lassen vermuthen, daß in dieser Gegend eine
Vorstadt gewesen sei, in welcher der Fischmarkt
gehalten wurde. o) Die reformirten und lu»
therischen Religionsverwandten haben bei der
Martinskirche mit den katholischen Beisassen
ihr Begräbniß ; die katholischen Bürger wer»
den mitten in der Stadt auf dem Galluskirch»
hofe begraben. Die katholische Bürgerschaft
würde sich ein ewiges Denkmal ihrer richtigen
und vorurtheilfreien Gesinnungen aufrichten,
wenn auch sie sich entschlöße, ihre Ruhestätte

---

a) Vor ohngefähr 30 Jahren wurde an der Thür»
schwelle der Martinskirche zur Nachtszeit ein
steinerner Sarg herausgegraben, vermuthlich von
Leuten, deren Phantasie von Träumereien an
verborgene Schäze erhizt war.

o) In Landau, Speier, Worms und Heidelberg
liegen auf den Fischmärken eben solche Särge.

außerhalb der Stadt bei ihren übrigen Brüdern
zu wählen! Die reine Luft, in der Stadt sowohl als in der Kirche, würde sie für diese im
Grunde nichts bedeutende Aufopferung sicher
entschädigen. Und welche Ehre, wenn dieselbe, in solchen edeln Einrichtungen andern
deutschen Gemeinden als Muster aufgestellt
würde?—Auf der nämlichen Seite ohngefähr
eine Viertelmeile von der Stadt liegt das eingegangene Dorf Zaisenheim, von dem noch
täglich häufige Ruinen herausgegraben werden. Auf der West- und Südseite findet man
ebenfalls lange Streken von alten Mauren,
welche vermuthlich Vorstädte waren. Unter
diesen zeichnen sich die Ueberbleibsel der Mauritiuskapelle aus, von welcher in dem codice
trad. Laurish. Meldung geschieht, und eine
Stiftung des Fränkischen König Dagoberts
sein soll.

§. 30.

In der Stadt selbst findet der Kenner häufige Ueberbleibsel aus dem grauen Alterthume,
welche ihm Stoff zu wichtigen Betrachtungen
darreichen. In dem sogenannten Rindgauviertel ist ein merkwürdiger Schlußstein an dem Bo-

gen einer Gartenthüre mit einer Inschrift angebracht p) welcher auf die Vermuthung führt, daß
einstens an diesem Orte eine fromme Stiftung
gewesen sei.—Auf diesem Steine ist das Bildniß
der seligsten Jungfrau Maria mit dem Kinde
Jesu in den Armen ausgehauen — Die Geschichte giebt keinen aufschluß, von was für
einer Art die Stiftung gewesen sei. Nach
den mündlichen Ueberlieferungen der Bürger
war hier ein Nonnenkloster. Der Brunnen,
der sich in der nämlichen Gegend befindet, heißt
noch auf den heutigen Tag der Nonnenbrun-
nen, welches dieser Aussage einige Wahrscheinlichkeit giebt. — Dieser Ort war ehedessen
der katholische Pfarrgarten, nun aber ist er das
Eigenthum eines Bürgers, welcher denselben
an sich gekauft hat, man hat auf diesem Pla-
ze unterirrdische Gewölber entdekt, und aus
dem Schutte verschiedene Kirchengefässe und
Silbermünzen herausgegraben — Die Rei-

---

p) Anno DOMINJ M C. C. C. XXVIII Dominus de
BATTENBVRG PJAE MATRJ MARJAE FECIT
HOC OPVS.

Deutsch : Im Jahre des Herrn 1328 hat der
Herr von Battenburg der gütigen Mutter Maria zu Ehren dieses Werk aufgeführt.

nung, d. iß ehemals Tempelherrn in Ladenburg gewohnt haben, hält gar keine Kritik aus,
obschon einige Häuſer ausdrüklich für ehemalige Wohnungen dieſer Geiſtlichen angegeben
werden.

§. 31.

Beinahe in jedem Jahrhundert erzeugte
Ladenburg große Männer; Stephan Hoeſt
ein Domherr von Speir, welcher im 15ten
Jahrhundert zu Ladenburg gebohren war,
macht ſeiner Vaterſtadt Ehre — Fridrich der
Siegreiche, welcher ſich durch ſeine Siege,
Klugheit, Menſchenliebe, und Gottesfurcht
in den Jahrbüchern der Pfälzer verewiget hat,
berief ihn als Hofprediger nach Heidelberg —
Hoeſt hatte ſich durch ſeine hinreiſſende Be-
redſamkeit durch ſein theilnehmendes Gefühl
an dem Leiden der Menſchheit, durch uner-
müdeten Unterricht, und durch die Grundſäze,
ſo er an Fridrichshof anpflanzte, einen unſterblichen Ruhm erworben. Trithemius malt
ſeinen Karakter mit den herrlichſten Farben,
er ſtarb im Jahre 1471 zu Heidelberg, und
hinterließ den unſterblichen Ruhm eines
                                    Men-

Menſchenfreundes und eines frommen Prie-
ſters q).

§. 32.

Im vorigen Jahre hundert befand ſich eine blühende Buchdruferei in Ladenburg., von
welcher man noch einige koſtbare Werke auf-
zuweiſen hat. r)

§. 33.

In dem Kreiſe einer halben Meile um Ladenburg ſind einige Höfe welche wegen ihrer

---

q) Stephanns Hœſt de Laudenburg canonicus ſpi-
  renſis eccleſiiae, ac verbi divini in arce Heidel-
  bergenſi Praedicator facundus, obiit 1471 Tridh.
  ſn cat, illuſt. vir.

  Deutſch: Stephan Hoeſt von Ladenburg Domherr von Speir und berühmter Hofprediger zu
  Heidelberg ſtarb im Jahre 1471.

r) De re monetaria veterum Romanorum, & ho-
  dierni apud Germanos imperii libri duo Mar-
  quardi Freheri conſiliarii Palatini.
  Nicolai Oreſmii epiſcopi Lexovienſis de origine
  & poteſtate nec non de mutatione monetarum,
  cum fueclucto tractatu ejusdem argumenti ——
  Gabrielis Byel, & notis in utrumque locupletiſ-
  ſimis lubduni apud Gotthardum Vogellinum CI
  ƆIƆCV in 4.

D

reizenden Lage, und ursprünglichen Einrichtung ohne Zweifel Römische Landhäuser waren. Der Rosenhof, welcher hart an dem
Römischen Badhause, und an der Landstrasse
nach Heidelberg liegt, gehört zu der Ladenburger Gerichtsbarkeit, und ist das Eigenthum
des Kurpf. Kirchenrathes Herrn Scheid —
Der Strassenheimer Hof gegen Norden, welcher ein Filialort von Ladenburg ist, gehört
größtentheils dem Kurpf. geheimem Rathe Babo
und der Freifrau von Laßer — Schwabenheim, welches die Lazaristen von Heidelberg,
und andere Privatleute besizen, ist der Gerichtsbarkeit des Oberamtes von Ladenburg
untergeordnet.

§. 34.

Die neueste Epoche von Ladenburg ist eigentlich die merkwürdigste — sie fängt von den
Zeiten der Reformation an, enthält nicht nur
die Kirchengeschichte von Ladenburg, sondern
auch dessen politische Verfassung, Produkte,
Kommerz, Freiheiten, Gebräuche, überhaupt
alles, was unter seinem wirklichen Zustande begriffen ist.

§. 35.

Der kirchliche Zuſtand von Ladenburg iſt beinahe der nämliche, wie jener von der ganzen Pfalz — Unter der Regierung Ludwigs des Friedfertigen, dem von ſeinen friedliebenden und menſchenfreundlichen Geſinnungen dieſer ruhmvolle Beiname beigelegt worden iſt, wurde der Grund zu der Reformation gelegt, welche die Quelle unüberſehbarer Unruhen und der größten Religionsänderungen in der Pfalz war. Ludwig beherrſchte die Pfalz, da Luther öffentlich in Heidelberg diſputirte s) welches eigentlich der erſte Keim zu der Reformation in Deutſchland war. Im Jahr 1544 ſtarb Ludwig, ohne ſich von der katholiſchen Kirche getrennt zu haben.

§. 36.

Fridrich der Weiſe übernahm den Szepter der Pfälzer, und bekannte ſich öffentlich mit ſeinen meiſten Unterthanen zur Lutheri

D 2

---

s) Das Auguſtinerkloſter zu Heidelberg, worin Luther verſchiedene Säze wider den Ablaß vertheidiget hat, wurde von Fridrich dem dritten in ein Collegium sapientiae verändert, welches den Reformirten zugehört.

schen Lehre. Die Abänderung der Religion, der
Beitritt zum Schmalkaldischen Bunde. häuf-
ten unselige Schiksale über diesen Fürsten. Er
mußte bei dem Kaiser zu Schwäbischhall fuß-
fällig um Vergebung bitten, und dem Schmalkaldischen Bunde entsagen. Fridrich nahm das
sogenannte Interim an, willigte in den Kirchenrath zu Trient, und suchte durch sein wei-
ses Betragen alle Stürme von seinen Ländern
zu entfernen, Fridrich starb nach einer zwölf-
jährigen Regierung 1556.

§. 37.

Otto Heinrich gelangte zur Kurwürde,
der sich gar nicht an die weisen Maßregeln seines Vorfahrers hielt — Gleich beim Antritte
seiner Regierung vollbrachte er die Einführung
des Lutherthums in seinen Ländern, welche
Fridrich angefangen hatte — Er schaffte das
Meßopfer ab, entfernte die Bildnisse der Heiligen aus den Kirchen, und ließ eine Kirchen-
ordnung in deutscher Sprache abfassen, welche auch in Ladenburg, doch mit besonderer
Einschränkung des Bischoffes von Worms
eingeführt wurde.

§. 38.

Allein Fridrich der dritte aus dem Hause Simmern war es, der alles wagte, um den Religionszustand in Ladenburg ganz umzuschaffen — Er brachte es auch so weit, daß der Heidelberger Katechismus, welcher auf seinen Befehl von Bosquinus, Tremelius, Urssnus, und Olevianus verfertigt wurde, vom Jahre 1563 bis gegen das Ende des Jahres 1622 das öffentliche Lehrsystem war, zu dem sich der mehrste Theil der Inwohner bekannte; da indessen sehr viele der katholischen Religion getreu verblieben — Unter diesem Fürsten, bei dem noch das Sprichwort, *cujus regio illius religio* t) galt, mußte die ganze Pfalz zu den Fahnen der Reformirten schwören — In Ladenburg allein herrschte freie Willkär, weil der Bischoff von Worms die Hälfte desselben in Besize hatte. Indessen schlugen sich die Bürger um den Besiz der Galluskirche, welches nicht ohne Blutvergiesen abgieng. Der reformirte Theil, welcher dem katholischen weit überlegen war, errichtete schaudervolle Denkmäler seines

D 3

---

t) Wer über das Land zu gebieten hat, der hat auch über die Religion zu entscheiden.

entbusiastischen Reformationseifers. Sie ver=
stümmelten die Bilder der Heiligen, zerschlu=
gen die ausgehauenen Religionsinsignien, ver=
darben die gottesdienstlichen Gefäse, und Ge=
räthschaften, kurz überall erblikte man Greul der
Verwüstung — Die Bürger rieben sich einander
selbst auf, die blühende Oekonomie in Laden=
burg wurde vernachläßiget und der Frucht=
und Weinbau, welcher damals in Ladenburg
noch betrieben wurde, über den Religionssiste=
men ganz außer acht gelassen. — Diese Stadt
war der traurigste Beweiß, daß dort alle Quel=
len des Glükes und des Wohlstandes versie=
gen, wo die Bürger nicht vom Geiste der Ein=
tracht und der Liebe beselt sind — Unter den
weggeschaften Bildnissen befand sich ein höl=
zernes Kruzifixbild, welches bis zum Anfange
dieses Jahrhunderts in einer Dunggrube lag.
Dasselbe wurde durch eine Magd entdekt,
und von den katholischen Einwohnern mit grof=
sen Feierlichkeiten in die Galluskirche gebracht,
welche sich dazumal schon wieder in den Hän=
den der Katholischen befand. Diesem Kruzi=
fixbilde wurde ein besonderer Altar geheiliget,
der noch auf den heutigen Tag in großer Ver=

ehrung ſteht. Bei dieſer Gelegenheit wurden
verſchiedene fromme Stiftungen gemacht, die
Beweiſe von den wohlthätigen Geſinnungen
ſind, welche dazumal unter einigen Bürgern
geherrſcht haben. u) Allein verbannt ſei das
Andenken an Zeiten, bei deren Erinnerung ſich
das Menſchengefühl empört. Dank der Vor-
ſehung, welche nun die Bürger von verſchiedenen Religionsübungen durch Duldung, und
Bruderliebe feſt aneinander gekettet hat!

§. 39.

Von dem Jahre 1557 bis zum Jahre 1570
ſtand der berüchtigte Johann Silvan als Superintendent in Ladenburg, deſſen tragiſche
Geſchichte ſchon S. 32 erzählt wurde — Der
kirchliche Zuſtand blieb indeſſen unverändert
in Ladenburg, bis Tilli der Bajriſche Feldherr
im Jahre 1622 Heidelberg einnahm, und eine Bajriſche Regierung über die Pfalz dieſſeits,

D 4

---

u) Die Heilmänniſche Familie, welche wirklich noch
ſehr zahlreich in Ladenburg iſt, machte eine Stiftung, daß jährlich vor dieſem Altare 8 fl. theils
an Brod theils an barem Gelde unter die Armen
ausgetheilt werden.

wie Spinola der Feldherr der Spanier eine
Spanische jenseits des Rheins niedersezte —
Hier wurde die Ausübung der reformirten Religion verbotten, und die Kapuziner, welche
im Jahre 1624 durch die Bajern in Ladenburg eingesezt wurden, versahen den katholischen Gottesdienst. In dieser Zeit wüthete
Hunger, Pest und Krieg in Ladenburg wie in
der ganzen Gegend; daher wurde die Stadt,
und die Galluskirche von den Kapuzinern verlassen, bis sie im Jahre 1629 durch den Bischoff von Worms Georgius Antonius von
Rodenstein zurükberufen wurden, von dem
sie im Jahre 1631 ein Haus nebst der Galluskirche erhalten haben. Im Jahre 1633 mußten die Katholischen den Reformirten wieder weichen, und die Galluskirche einräu-
men — Die Kapuziner verließen zum zwei-
tenmale die Stadt, aber sie kamen im Jahre
1634 wieder zurüke, da die Schweden von den
Kaiserlichen bei Nördlingen geschlagen wurden, welches große Veränderungen in der
Pfalz verursachte — Die Katholischen blieben
im Besize der Galluskirche, und ihre Religion
war die herrschende, bis zum Jahre 1649, wo

Karl Ludwig durch den Westphälischen Frieden wieder zum Besize der untern Pfalz gelangt war. In diesem Jahre wurden die Katholischen in der Pfalz auf das grausamste verfolgt, alles mußte sich zu der reformirten Religion bekennen, die Bilder wurden gestürmt, die Altäre auf die Strassen geworfen, und die katholischen Geistlichen aus dem Lande verwiesen, alle Kirchen wurden den Reformirten eingeräumt, welche auch allerdings alle kirchliche Verrichtungen über die Katholischen, die noch hie und da zerstreut waren, ausübten. Allein in Ladenburg blieb die Galluskirche wegen der Unterstüzung des Bischoffes von Worms noch immer aber unter großen Einschränkungen v) in den Händen der Katholischen, bis dieselbe im Jahr 1651 den Reformirten eingeräumt wurde, dagegen sie die bischöfliche Kapelle erhalten haben — Im Jahre 1685 nach dem Tode Karls erhielten die Katholischen in Ladenburg, so wie in der ganzen Pfalz größere Frei-

D 5

---

v) Karl Ludwig strafte die Katholischen in Ladenburg um 100 Rthlr., weil sie eine feierliche Prozeßion in der Stadt hielten.

heiten; die Kapuziner aber, welche auch zugleich die Deutschordenspfarrei in Weinheim
versahen, wurden 1699 nach Mannheim ver-
sezt, wo sie in der Konkordienkirche den katholischen Gottesdienst verrichteten, w) Wie sehr die
Anzahl der Katholischen in dieser für sie äuserst
unglüklichen Epoche in der Pfalz zusammenge-
schmolzen war, und wie wenige Geistliche man
noch in derselben zählte; läßt sich aus dem
Ladenburger Pfarrbuche schließen, welches
im Jahre 1646 von einem Kapuziner F. Benignus Elbingensis Vicepfarrer allda angefangen

---

w) In provincia Rhenana F. F. m. m. Cap. lib. II.
cap. I wird die Ursache dieser Versezung angegeben. anno 1699, so lauten die Worte, ob mul-
tiplicatos circumquaque pastores nec non ob ali-
os majori nostro bono in vicinia aedificatos con-
ventus hac a cura per superiores provinciae desi-
stere jussi sumus.

Deutsch: Im Jahre 1699 erhielten wir von unsern Obern den Befehl — wegen der überall an-
wachsenden Zahl der Seelsorger und wegen andern
Klöstern, welche zum besten unseres Ordens in der
Nachbarschaft aufgebaut wurden, die Pfarrei zu
verlassen.

wurde. Hier findet man einen Katalogen der Ge-
tauften aus weit entfernten Ortschaften. x)

§. 40.

Nach dem Zeugniſſe des Taufbuches hieß
der lezte Kapuziner, welcher der Pfarrei vor-
ſtand Frater *Juſtus Cockheimenſis* dem am 26ſen
Mai 1699 der erſte Weltgeiſtliche Karl Theo-
dor von Royer der Gottesgelehrtheit und h.
M. Doctor gefolgt iſt. Royer war ein würdi-
ger Prieſter und beſaß alle Eigenſchaften eines
Seelenhirten in einem hohen Grade. — In
der kritiſchen Lage, wo ſich dazumal die ka-
tholiſche Geiſtlichkeit befand, ſpielte er eine
Rolle, die ſeinen Namen auf immer der Ver-
geſſenheit entreiſſen muß — Seine Paſtoralklug-

---

x) Frater Benignus Elbingenſis pro tempore vice-
paſtor hujus eccleſiae S. Galli in civitate Laden-
burgenſi — baptizavi Infantem. (Ich Benignus
von Elbingen dieſer Zeit Vicepfarrer in der Stadt-
kirche des heil. Gallus zu Ladenburg haben folgende Kinder getauft) natam NN. ex parentibu
de pago Ilbesheim — Feudenheim — Seckenheim —
Neckerhauſen — Heddesheim — Schriesheim —
Leutershauſen — Edingen — Strafen — Neuzenho-
fen — Plankſtadt — Mannheim — Heppenheim auf
der Wieſen juXta Frankenthal — Reingenheim &c.

Zeit *war vortreflich*, und ganz dem Geiste der Religion angemessen — er wagte alles zum Flore derselben, ohne eine andere Religionspartei feindlich zu behandeln — Er war äußerst darauf bedacht den Katholischen ihre alten Vorzüge zu verschaffen, ohne denen nachtheilig zu werden, die sich zu andern Religionen bekannten — Die lutherischen Glaubensgenossen erhielten freie Religionsübung unter ihm, und die Reformirten zollen ihm dadurch ihre Zufriedenheit, daß unter den aufgehäuften Stößen von Religionsbeschwerden, die der Kirchenrath zu Heidelberg gesammelt hat, nicht eine Silbe gegen Royer vorkömmt. — Royer wurde wegen seiner ausgebreiteten Kenntnissen, und wegen seines musterhaften Wandels im J. 1701 als geistlicher Rath nach Worms berufen, wo Herr Wallreuther die Verwaltung seiner Pfarrei übernommen hatte. Allein den 31ten Oktober 1705 kehrte er wegen seiner zerrütteten Gesundheit y) wieder nach Ladenburg zurük, er lebte keine zwei Jah-

---

y) Nomina matrimonio junctorum sub me Carolo desiderio de Royer Epi Wormatiensis consiliario Ecclesiastico Ladenburgum Valetudinis recuperandae causa reverso 31ten Oktob. 1705.

Deutsch:

vr mehr , ſondern beſchloß am 25ten März 1707
ſeine ruhmvolle Laufbahn. Seine Grabſchrift
iſt auf der linkenſeite der Galluskirche in Stein
ausgehauen. z)

§. 41.

Da Ladenburg wegen den Streitigkeiten
zwiſchen dem Kurfürſten , und dem Biſchoffe
von Worms , welcher die Stadt auslöſen wollte , in Sequeſtration gerieth , ſo blieb der Kir-

---

Deutſch: Verzeichniß der Verehlichten, welche
unter mir Karl Deſiderius von Royer biſchöflich
Wormſiſchem geiſtlichen Rathe zuſammen gegeben
wurden, nachdem ich mich am 31ten Oktb. 1705
meiner zerrütteten Geſundheit wegen wieder nach
Ladenburg begeben habe.

s) ANNO 1707 Die 25 MARTY OBIIT PLM RD9
EXIMIUS E CLARISSIMUS DNUS CAROLUS DE-
SIDERIUS DE ROYER SS. THEOL. ET IVR.
UTRIUSQUE DOCTOR EPISCOPI WORMAT.
CONSIL. ECCLES. DECANUS RUR. ET PARO-
CHUS IN LADENBURG.

REQUIESCAT IN PACE AMEN.

Deutſch: Im Jahre 1707 den 25 März ſtarb
der hochwürdige wohlgebohrne und achtbare Herr
Karl Deſiderius von Royer beider Rechten Doktor,
des Biſchoffes von Worms geiſtlicher Rath Laubbe-
ſchand und Pfarrer in Ladenburg. Er ruht in Frieden , Amen.

chenzustand unabgeändert. Die Gálluskirche
befand sich im Besize der Reformirten, welche noch immer den grösten Theil der Inwohner ausmachten — Da im Jahre 1693 Hridel-
berg verbrannt wurde, so entflohen die Bürger aus Ladenburg — Die Kapuziner, welche
zurükblieben, machten sich dieser Gelegenheit
zu nuze, nahmen die Gálluskirche in Besiz,
und führten den katholischen Gottesdienst in
derselben ein — Damals wüthete der Mord-
brenner Melak mit gränzenloser Wuth in der
ganzen Pfalz—Die schönsten Fluren wurden ver-
brant, fruchtbare Bäume niedergehauen, Wein-
berge ausgerottet, und die Unterthanen von ihren Besizungen vertrieben—die Räuber schonten
der geheiligten Asche der gekrönten Häupter
unter der Erde nicht, sie brachen die Gräber
auf, entheiligten ihre Gebeine, und zerstörten
die Grabmäler der würdigsten Fürsten, und
der grösten Helden, so jemals die Welt sah.
Die paradisische Gegend des Rheinstroms war
das traurigste Bild der Verherungen und der
Menschenwuth. Die blühendsten Städte und
Ortschaften lagen in ihrer Asche, und die Trüm-
mer, auf denen wir izt noch wandeln, sind spre-

chende Beweise von der Wuth, und Unmensch-
lichkeit eines Volkes, das sonst der Urheber
der verfeinerten Sitten aller Völker in Europa sein will. Kaum kehrten die zerstreuten
Bürger wieder zu ihren Besitzungen zurük, so
wurden die verlornen Rechte hervorgesucht.
Da die Katholischen die Galluskirche nicht mit
der Erlaubniß des Französischen Kommandan-
ten in Besiz genommen hatten, so wurde sie
von den Reformirten mit Gewalt zurükgefo-
dert, wobei abermal Menschenblut geflossen ist.
Allein auf Anrufen der Kapuziner bei dem Bischoffe von Worms sezte der Deutschmeisterische
Lieutenant Uebelaker mit einem Kommando
Soldaten die Katholischen wieder in den Besiz der Galluskirche — In der Kurpfälzischen
Religionsdeklaration vom Jahre 1705 wurde
zwar die Galluskirche den Reformirten zuer-
kannt, allein der Bischoff von Worms both
allen seinen Kräften auf, die Katholischen in
dem Besize derselben zu erhalten — Die Franzosen unterstüzten die Bemühung des Bischoffes mit aller Macht — Es kam daher im Jahre 1708 ein Vergleich zu Stande a) vermöge

---

a) Das Diplom ist bei Herrn D. Andreae in luped.
illustrato pag. 26 abgedrukt.

deſſen ſie im Beſize der Galluskirche verblieben, den Reformirten aber der Münchhof
ſamt ſeinen Gefällen, und der zweiten Gloke
aus der Galluskirche als eigenthumlich eingeräumt, und abgetretten werden ſollte — Die
Reformirten haben über ihre Kirchengefälle in
Ladenburg einen eigenen Schaffner, b) ſo wie
auch die Katholiſchen. c) Verſchiedene Ge-
fälle, die urſprünglich zu der Galluskirche gehörten, verblieben in den Händen der Reformirten, wovon der zweite Prediger noch meiſtens beſoldet wird.

§. 42.

Wie groß ehedeſſen der Religionshaß in
Ladenburg war, und wie weit man ſich von
kriſtlicher Eintracht, und Bruderliebe entfernt
hatte, kann man ebenfalls aus den häufigen
Religionsbeſchwerden abnehmen, welche die
reformirte Geiſtlichkeit ſchon vor geraumer
Zeit dem Kirchenrathe zu Heidelberg überreicht
hat.

---

b) Der wirkliche Schaffner iſt Hr. Leonhard Leßbach.

c) Herr Jakob Meinefer zugleich auch Stadtſchult-
heiß.

§. 43.

Die Schikfale der lutherifchen Kirche in
Ladenburg find nicht fo verworren, und ab-
wechfelnd, wie jene der Katholifchen, und der
Reformirten — Unter Fridrich dem Weifen,
und Otto Heinrich machten die Lutherifchen wegen den Gegenbemühungen des Bifchoffes von
Worms noch keine Epoche — Allein unter Ludwig dem Sechften, welcher von dem Jahre
1576 bis 1583 regierte, und alles für den Flor
und die Ausbreitung des Lutherthums unter-
nahm, wohnte ein lutherifcher Superintendent
Namens Johannes Hofp-s in Ladenburg, welcher mit feinen untergebenen Pfarrern, und
Schuldienern die *Formulam Concordiae* unter-
fchrieben hatte — So fehr die lutherifche Religion unter der 7jährigen Regierung Ludwigs emporgekommen war, fo tief fank fie
wieder, als Johann Kafimir, Ludwigs
Bruder, welcher dem helvetifchen Glaubens-
ffteme auf das wärmfte zugethan war, die
Vormundfchaft über fein Bruderskind Fridrich den Vierten, und mit diefer die Verwaltung der Pfalz übernommen hatte — Die lutherifchen Pfarrer, und Schuldiener mußten im

Jahre 1583 das ganze Land, also auch Ladenburg räumen. Die Gemeindsglieder, welche
in Ladenburg zurükblieben, waren sich also
allein überlassen — Sie hielten ihren Gottesdienst auf dem Straßheimer Hof, wo sich
ein lutherischer Prediger, (der lezte dieß Jakob Lemnius) mit einem Pfarrhause, und
mit einer festgesezten Besoldung bis in das
Jahr 1665 erhalten hatte — Allein unter Karl
Ludwig, der sonst der größte Fürst war, der
das Staatsruder der Pfälzer führte — der sich
durch seine glänzende Weisheit, welche die
Seele seiner meisten Handlungen war, den
Namen des deutschen Salomons erwarb — dessen Karakterzüge, Tapferkeit und Stand-
haftigkeit waren, womit er die Rechte seines
Hauses behauptet hatte — bei dem alles ruhm-
würdig war, wenn man seine enthusiastische Ergebenheit gegen die reformirte Religion aus-
nimmt, blieb nichts ruhig, was nicht den Stempel des helvetischen Glaubensbekenntnisses auf
der Stirne trug — Der lutherische Prediger
mußte den Hof zu Straßheim räumen, und
die Lage der lutherischen Gemeindsglieder war
nun trauriger, als jemals. Sie begaben sich

nach Birkenau, um ihres Gottesdienstes ab-
zuwarten; bis sie unter der Regierung Johann Wilhelms im Jahre 1693 freie Religionsübung erhielten — Johann Herrmann
Ludwig aus Giesen der zuvor Pfarrer in
Weinheim war, verrichtete den ersten lutherischen Gottesdienst zuerst in einem Privathau-
se, hernach in einer gezinsten Scheuer. Endlich erhielten die lutherischen Gemeindsglieder im Jahre 1708 die Erlaubniß, eine Kirche
zu erbauen, welche im nämlichen Jahre vollendet, und am 9ten September eingeweiht
wurde.

§. 44.

Es ist merkwürdig, daß die Lutheraner in
Ladenburg weder Thurn, Geläut, noch Gesang bei ihren Leichen innerhalb der Stadt haben — Das ganze Verbot dieser gottesdienstlichen Gebräuche gründet sich auf die Austauschungsurkunde d) zwischen Kurpfalz, und

E 2

---

d) Die Austauschungsurkunde findet man bei Lü-
niglus eccles. p. 11 p. 931 — ausgefertigt zu Düs-
seldorf den 26ten Aug. im Jahre 1705. Da aber verschiedene irrige Ausdeutungen, welche zu Streitigkeiten

Worms, wo es von dem Hochstifte Worms
als ein ausdrükliches Bedingniß festgesezt wurde, daß der Religionszustand in Ladenburg in
seiner wirklichen Lage verbleiben solle — Nun
hatte die lutherische Gemeinde damals weder
Thurn, Gloken, noch Gesang bei ihren Leichen,
daher wird es derselben noch nicht verstattet.
Das sind allenfals die Gründe, warum man
denselben ein Recht versagt, welches den Glanz
der herrschenden Religion im geringsten nicht
verdunkelt. Die Lutherischen haben in Ladenburg, wie in der ganzen Pfalz keine Religions-
kasse; sie selbst sind verbunden aus ihren eigenen
Mitteln ihre öffentliche Gebäude zu unterhalten, ihre Pfarrer und Schuldiener zu besol-
den, und überhaupt alles zu bestreiten, was
zu ihrem Religionswesen gehört.

§. 45.

Alle Stiftungen aus dem spätern Zeitalter
sind erloschen, und man findet kaum noch Spuren von denselben in Ladenburg; wo man in

tigkeiten Anlaß geben konnten, gemacht wurden,
so wurde noch zu dieser Urkund den 7ten August
1708 ein neuer Rezeß hinzugefügt, wo alle zwei-
deutige Auslegungen bestimmt, und festgesezt wurden.

allen Epochen tragische Merkmale der verderb-
lichsten Kriege antrift — Unter den Stiftungen dieser Stadt, welche wirklich bestehen,
zeichnet sich das bürgerliche Hospital besonders aus. Die Geschichte spricht von keinem
besonderen Stifter sondern nach den mündlichen Ueberlieferungen ist es durch Beiträge
der Bürger nach und nach zu dem dauerhaf-
ten Stande gediehen, in dem es sich nun befindet. Das Gebäud des Hospitals wurde
im Kriege sehr beschädigt, wie man an der
Aufschrift e) welche ober dem Eingange angebracht ist, wahrnimmt — Nun steht dasselbe
unter der allgemeinen besonders darzu ange-
ordneten Spitalkommißion — das Spital er-
nährt seinen besondern Schaffner, und Con-
trolleur, welche aber keineswegs alte, und ver-
dienstvolle Bürger sind — Ehe diese Kommis-
sion die Verwaltung des Spitals übernommen hatte, genoß die Stadt die wohlthätigsten

E 3

---

e) ANNO 1739 IST DIESES BURGERLICHE HO-
SPITAL, SO HIEBEVOR DURCH KRIEG RUI-
NIRT GEWESEN, WIDERUM AUFGEBAUT
WORDEN.

Früchte dieser Stiftung — Die kranken Dienst-
botten fanden hier ihre Verpflegung, und die
Inwohner, welche unter einem heimlichen Dru-
ke der Schiksale, und Dürftigkeit wimmerten,
erhielten milde Beisteuern — Ohnerachtet aber
nach der neuesten Einrichtung alte Bürger und
krüppelhaften Personen aufgenommen werden
— Ohnerachtet sie Kost und Kleidung erhalten,
so entspricht dasselbe doch nicht völlig seinem
Endzweke. Dann nicht nur die krüppelhaften
Menschen sollten in den Spitälern ihre Aufnah-
me finden, sondern auch jene, deren moralischer
Karakter verdorben ist. Ist es wohl recht,
wenn öffentliche Scheusale und ansteckende Menschen unter einem ehrsamen Publikum wandeln? Sie gehören vielmehr in Häuser, wo sie
durch weise Anstalten, so viel es möglich ist,
gebässert, und der Menschheit nüzlich gemacht
werden. Könnte nicht da ein Taugenichts durch
seine erlernte Profeßion auf Kosten des Hauses, und zu dessen Nuzen arbeiten? Einem
Vollsäufer würde auf diese Art das Vollsau-
fen, und einem Schuldenmacher das Schul-
denmachen verwehrt — Aber, es möchte einer
sagen, dafür gehören Zuchthäuser, und keine

Hospitäler — Allein in kleinen Städten, wo
nicht immer förmliche Zuchthäuser sein können,
sollte im Nothfalle das Hospital für jene Bürger und Inwohner dienen, welche in der Moralität noch nicht so tief sanken, daß sie zum
Zuchthause reif genug sind — wäre man nicht
ehender mit seinem Manne an Ort, und Stelle, als wenn er mit großem Aufwande zur
Hauptstadt gebracht würde? Der Elende blie-
be sogar in der Vaterstadt unter Freunden und
Bekannten, welches der Menschlichkeit einer
solchen Stadt Ehre brächte — und er sowohl
als dessen Familie blieben von der noch hart
drükenden Beschimpfung des Zuchthauses be-
freit; welches oft allein bis zu jenem Grade
der Verzweiflung bringt, wo hartnäkige Bos-
heit eintritt, und alle moralische Bässerung ver-
loren ist — weil aber die Sache auf diese Art
eine moralische Seite bekäme, so müßte auch
die Ortsgeistlichkeit in solchem Hause etwas
zu sagen haben, und die ganze Einrichtung
nicht Leuten überlassen werden, deren Geschäf-
te nur immer nach Sporteln zugeschnitten sind,
und welche da von keiner Verbindlichkeit mehr
wissen, wo warme Menschlichkeit, und die lau-

terste Ehrliebe, worzu doch eine bloß moralische Person mehr aufgelegt ist, nur alles einzig und allein wirken können.

§. 46.

Das Waisenhaus, welches eine der neuesten Stiftungen ist, giebt Ladenburg den Vor-
zug vor allen Pfälzischen Landstädten, in welchen man durchaus keine Spur solcher wohlthätigen Einrichtungen antrift — Ein reicher
Bürger, der zugleich Anwaldschultheiß in Ladenburg war, machte von edler Menschenlie-
be beselt, nnd von dem traurigen Anblike man-
cher vaterlosen Kinder gerührt, diese wohlthä-
tige Stiftung. — Wären doch immer unsere
großen Ahnen mit diesen erhabenen Grundsäzen, die dem Geiste der Religion einzig ent-
sprechen, ausgerüstet gewesen! Gäbe es wohl
noch unnüze Glieder im Staate, oder würde
ein so durchdringendes Gewimmer der Armen,
und Elenden um uns her ertönen, worüber
sich oft die Menschlichkeit empört? Nach dem
ursprünglichen Plane des Stifters werden nur
katholische Waisen, und zwar nur Kinder aus
der Stadt aufgenommen — Allein der men-
schenfreundliche Regierungsrath und Land-
schreiber Herr von Zertling, dem das Haus

unmittelbar untergeordnet ist, nimmt auch
Waisen aus den übrigen Ortschaften auf, welche zu dem Oberamte gehören — Das Waisenhaus ist nach dem neuesten Geschmake gebaut,
es ist sehr geräumig, und durchaus zwekmäs-
sig eingerichtet — dasselbe ist mit reichen Einkünften versehen, über welche ein eigener Schaffner angestellt ist. f) Durch die rühmlichste Oekonomie, und durch die Wollenspinnerei, welche die Kinder in ihren müßigen Stunden besorgen, wächst noch täglich die Quelle dieser
Einkünften — Im Hause herrscht durchaus
Ordnung, und Reinlichkeit, welches die Seele
eines öffentlichen Erziehungshauses ist. Aller despotische Zwang unter dem die Kinder
Tüke, und Verstellungskunst lernen, ist aus
dem Hause verbannt — Sobald die Kinder in
den Grundsäzen der kristlichen Religion gegründet sind, so wird es ihrer Willkür über-
lass n, was für einem Stande, und Profeßion
sie sich wiedmen wollen; wozu ihnen alle Hilfe
geleistet wird. Zur Ehre dieses Hauses, und
zum Beweise der vortreflichen Bildung, wel-

E 5

f) Herr Franz Heinrich Krausmann, auch Raths-
verwandter.

74

he die Kinder erhalten, muß man es öffentlich
anrühmen, daß unter so vielen Zöglingen, die
hier gebildet worden sind, noch nicht ein einziger
dieser Stiftung Unehre gemacht habe. Die
blühende Farbe, und die robusten Glieder,
der Waisenkinder sind Beweise, daß in diesem
Hause alles gethan ist, was die phisische Bildung befördern kann — Im Hause ist eine
verwittibte Bürgersfrau angestellt, welche die
Reinlichkeit, und andere körperliche Ver-
pflegungen der Kinder zu besorgen hat — Die
Kinder haben ihren eigenen Lehrer, der dem
angenommenen Gange der Stadtschulen folgt,
ob es schon bei Privatunterrichten leichter ist,
neue Versuche in der Lehrart sowohl, als in
den Gegenständen, welche gelehrt werden,
anzustellen. Ober dem Eingange des Hauses ist die Jahrzahl mit dem Namen des
Stifters in Stein ausgehauen. g)

---

g) ORPHANO TROPHIVM HOC GEORGIVS
FRIDERICVS GVNTER EJVSQVE VXOR
ANNA GVNTERIN EREXERVNT 1770.
Deutsch: Dieses Waisenhaus hat Georg Frid-
rich Günter, und seine Ehefrau Anna Günterin
aufgerichtet.

§. 47.

Zufälle, denen der Geist des herrschenden
Zeitalters meistens den Stempel der Wunder
aufdrükte, gaben oft zu Stiftungen Anlaß,
die durch Abänderung der Zeit, und Umstän-
de unnüz oder unbedeutend geworden sind.
So entstand eine Stiftung in Ladenburg, die
in jenen Zeiten, wo die Stadt in einer wal-
digten h) und sumpfigten Gegend lag, und wo
noch keine sichere, und bequeme Straßen für
Reisende angelegt waren, ihrem Zweke entspro-
chen hatte; in unsern Zeiten aber, wo die Wälder in einem großen Bezirk um Ladenburg ausgehauen, und allenthalben die be-
quemsten Straßen angelegt sind, leicht ent-
bährlich ist. Nach der Tradition, welche durchaus für zuverläßig gehalten wird, hatte sich
ein Fräulein von Sikingen in der tiefsten Nacht

---

h) Gegen Osten hat die Stadt eine ausgedehnte
Streke Feldes, welches man den Stalbühl nennt,
dieses Feld war im vorigen Jahrhundert noch
Waldung — Die ältesten Leute in Ladenburg erin-
nern sich, daß gegen Schwabenheim wo wirklich
die fruchtbarsten Felder sind, ein Wäldchen war,
womit die Lagerbücher der Stadt übereinstimmen.

bei Ladenburg verirrt, in dieser Verlegenheit, wo sich Verwirrung, und Bangigkeit ihrer Seele bemächtiget hatte, schikte sie die heißesten Wünsche zum Himmel um Rettung — Sie hörte wider alles Vermuthen den Schall einer Gloke, dem sie sich so lange genähert hat, bis sie sich vor den Mauren der Stadt befand. Durch diese Wohlthat, welche sie durch dieses Geläut empfunden hatte, gerührt, machte sie eine Stiftung, daß auf immer Nachts um 11 Uhr ein Glokenzeichen gegeben werde — Sollte nicht die Obrigkeit darauf bedacht sein, daß eine Stiftnng, welche zweklos geworden ist, in eine nüzlichere umgeändert würde?

§. 48.

Die Sikingische Familie errichtete ferner eine Stiftung in Ladenburg, die laut von dem wohlwollenden Karakter spricht, welcher die erhabenen Urväter derselben wie die blühenden Nachkömmlinge beselte — Jede Woche wird das Brod von einem Malter Korn vor der Sikingischen Kapelle in der Galuskirche unter die Armen vertheilt i). Nach der Stif-

---

i) In dieser Kapelle werden folgende Inschriften gefunden.

I HANSZ

tungsurkunde hat der Stadtrath, der Stadtpfarrer, und ein Deputirter der hohen Familie die Armen zu bestimmen, welche dieser
Wohlthat genießen sollen; allein der Stadtpfarrer, und Stadtschultheis üben dieses Recht
wirklich allein aus, welches sich in einer ver-
jährten Gewohnheit gründet. Es gereicht aber
beiden Vorständen zur Ehre, daß sie keine Religionsverwandten von dieser Wohlthat aus-
schließen — Die Armen müssen vor der Sikingischen Kapelle jedesmal ein Gesez von einem
Rosenkranze abbethen, ehe sie das Brod em-
pfangen, welchem auch die Protestanten bei-
wohnen.

I HANSZ VON SIKINGEN RITTER STIFFTER,
eben dieser Hans von Sikingen ist mit seiner Gemalin einer gebornen Kämmerin von Dalberg
neben dem Kreuzaltare in Stein ausgehauen.

II DIETER VON SIKINGEN IM JAR M.C.C.C.C.
LXXIII GESTORBEN.

III HANSZ VON SIKINGEN STARB IM JAR
M.C.C.C.C. LXIX.

IV HAMAN HERR VON SIKINGEN IST GE-
STORBEN M.C.C.C.C. XXIIII.

§. 49.

Nun kommen wir auf die öffentlichen Almosen, welche in Ladenburg vorhanden sind.
Die Katholischen, Reformirten, und Lutherischen haben ihre eigene Almosenkassen, aber
keines derselben kann seinen eigenen Stifter
aufweisen, sie kamen vielmehr nach und nach
durch freiwillige Beiträge der Bürger selbst zu
ihrer Wirklichkeit — Das katholische Almosen
ist das beträchtlichste, es hat ein Kapital von
4000 fl. samt einem kleinen Gute in Wall-
stadt; fremde Bettler und Kollektanten ziehen
wirklich einen beträchtlichen Theil desselben.—
Das reformirte ist ein Klingelbeutelalmosen,
und kam ehedessen ebenfalls den Vagabunden
zu gute. Allein der reformirte Prediger Herr
Held traf die rühmliche Einrichtung, daß die
Nothleidenden seiner Gemeinde und keine her-
umschwärmende Bettler dieser Wohlthat geniesen. Diese wahrhaft patriotische und zwek-
mäßige Einrichtung verdient Nachahmung —
Das lutherische Almosen hat einen geringen
Font, und wird nebst den Kollekten, welche
bei gottesdienstlichen Handlungen gesammelt
werden, für Pfarrer und Schuldiener, auch

für die Unterhaltung kirchlicher Gebäude verwendet.

§. 50.

So häufig die Spuren der gestörten Eintracht, und der menschenfeindlichen Begegnungen sind, welche man in Ladenburg antrift, und zu welchen meistens ein wilder Religionshaß verleitet hat, so glänzend sind auch
die Denkmäler des Wohlwollens, und der Bruderliebe woburch sich diese Stadt auf das vor-
theilhafteste auszeichnet — Das sogenannte
Rathsalmosen, welches in unserem Vaterlande das einzige in seiner Art ist, ist ein spre-
chender Beweis hievon. Einige Rathsverwandten aus dem vorigen Jahrhunderte haben eine Geldsumme die sich wirklich auf 2000
fl. beläuft, zusammengetragen — Der Stadtrath hat die unumschränkte Verwaltung über
dasselbe; es wird nach seiner ursprünglichen
Bestimmung unter dürftige Wittwe, und Waisen verstorbener Rathsverwandten vertheilt.

§. 51.

Darf man Schulen, und Pfarreien zu den
öffentlichen Stiftungen zählen, so giebt es einen
katholischen Pfarrer 1 Kaplan, 2 reformirten

und 1 lutherischen Pfarrer in Ladenburg, welche durchaus, wenn man den leztern aus-
nimmt, gut besoldet sind — Es sind überhaupt
Männer, die ihrem Amte mit Ehre, und Nuzen vorstehen, und wahrhaft von dem erhabenen Geiste ihres Berufes beselt sind. k)
Obschon aber insgemein von einer guten Geistlichkeit auf gute Erziehungsanstalten geschlossen wird, so kann man nichtsdestoweniger nicht
behaupten, daß sich die Schulen in Ladenburg
in dem Grade der Vollkommenheit befinden,
welchen sie unter der Leitung so vortreflicher
Geistlichen erreichen könnten. Man würde
aber auch der Ehre der Schullehrer zu nahe
tretten,

---

k) Katholische Geistliche.

Herr Stadtpfarrer Trauninger Kurpf. geistlicher
Rath und Hofkaplan.

Herr Lemmig Kaplan, Kurpf. Weltpriester.

Reformirte.

Herr Böhme ersterer Stadtpfarrer und Pfarrer
zu Neterhausen.

Herr Held zweiter Stadtpfarrer auch Pfarrer zu
Heddesheim.

Lutherische.

Herr Stadtpfarrer Zeiser, noch Pfarrer über 14
Filialorte.

tretten, wenn man die Verfassung der Schulen unter die schlechteren zählen wollte. Was
man bei dem beinahe noch allgemein herrschenden Sisteme Schulwissenschaften nennt, wird
in den Ladenburger Schulen mit einem rühm-
lichen Eifer betrieben. Allein von Natur und
vaterländischer Geschicht — von Erdbeschrei-
bung und Unterrichte in der deutschen Sprache —
von Aufsäzen in Briefen, und bürgerlichen Kon-
trakten — vom Unterrichte im sittlichen Umgange,
und wechselseitiger Gefälligkeit — von ökonomi-
schen Grundsäzen, und andern Wissenschaften,
welche dem Patrioten, dem Bürger, und dem
Unterthanen höchst nöthig sind, findet man in
diesen Schulen keine Anlage; und kaum wird
man je eine solche Jugendbildung in Landstädten und in Dorfschulen erwarten dörfen; ehe
Pflanzschulen für künftige Schullehrer in dem
Vaterlande angelegt werden. Aber sicher darf der
Pfälzer diese unentbährliche Wohlthat noch von
seinem bästen Fürsten hoffen, der schon königliche Schäze zu diesem edlen Zwefe verwendet hat.

§. 52.

Es ist keinem Zweifel unterworfen, daß
Ladenburg als eine der ältesten Städte, und

Vestungen Deutschlandes — als der Lieblingsaufenthalt eines freigebigen Fränkischen Königs, als die Residenz vieler Fürsten, und
Bischöffe, als die bequemste Handelsstadt vor
Zeiten sehr viele Vorzüge und Freiheiten genossen habe — Allein diese sind theils durch die
gefräßige Zeit, theils durch Kriege, und inne-
re Empörungen, von denen unser Vaterland
meistens der Schauplaz war, erloschen — Die
Nekerfahrt war ehemals ein Eigenthum der
Stadt, izt aber ist die Kurfürstl. Hofkammer,
im Besize derselben, sie wird nicht einmal
mehr an ihrer vorigen Stelle betrieben. Die
Stadt hat einen eigenen Holzhandel, welcher
an einen Bürger verpachtet ist, und jährlich
eine ansehnliche Summe einträgt — In Ladenburg giebt es eine vierfache Markgerechtigkeit:
der Wochenmark wird wegen den angränzenden Städten Mannheim und Heidelberg nicht
häufig besucht — Der Jahrmark, welcher
jährlich zweimal gehalten wird, ist unter den
mittelmäßigen in der Pfalz — der Fruchtmark
hingegen der blühendste — Der Viehmark,
der ehedessen häufig besucht wurde, ist völlig
eingegangen. Unsere weise Landesregierung

soll wirklich Anstalten getroffen haben, diesen
Mark, den seine Lage in Rüksicht auf die Pfalz,
besonders empfiehlt, wieder empor zu bringen.
Passende Prämien, Zollfreiheiten, und andere aufmunternde Mittel könnten denselben zu
seinem ehemaligen Flore erheben. Der Fisch-
mark ist von keinem Belange.

§. 53.

Alles was durch Ladenburg paßirt, sogar die
fahrenden, und reitenden Posten sind verbunden, Pflastergeld zu entrichten — nur der an-
gränzende Markfleken Schriesheim ist ausgenommen. Der Stadtrath ließ sich deßhalben
mit dem Rathe von Schriesheim in einen
Rechtsstreit ein; allein derselbe wurde bei zwe-
en Instanzen verlohren. Das Recht der Schriesheimer gründet sich blos auf das Herkommen.
Diese Quelle der städtischen Einkünfte ist übrigens sehr ergiebig, besonders da von Mannheim aus, bis an die Bergstrasse eine Hauptstras-
se durch Ladenburg angelegt ist. Das Ungeld kan
endlich noch zu den Privilegien gezählt werden,
welche der Stadt eigen sind — In der ganzen
Pfalz wird von dem Weine, welcher verzapft

F 2

wird, fürs Fuder 18 fl. abgegeben, aber Ladenburg giebt von allem die 10te Maß.

§. 54.

Der Wohlstand der Bürger, und Inwohner Ladenburgs läßt sich daraus schon ermies-
sen, daß selten ein Inwohner die wöchentli-
che Armenbüchse bekleidet; dieselbe wird meistens an Schriesheimer Armen vertheilt, wofür es den Ladenburgern erlaubt ist, in den
Schriesheimer Waldungen Holz zu sammeln —
Der Wohlstand der Stadt gründet sich auf
die Fruchtbarkeit der Felder, auf Viehzucht,
auf Grapp und Tabaksbau, und auf die Alimenten 1), welche die Bürgerschaft von ohn-

---

1) Die Stadt mußte bei der Krönung des Kaisers
Franzens, wo die Kaiserlichen ein Lager von Heidelberg bis an Ladenburg geschlagen hatten, eine
starke Summe Brandschazung bezahlen, welche
bei den Jesuiten zu Mannheim aufgenommen wurde — Um diese Schuld abzutragen, wurden den
Bürgern die Alimenten entzogen — Allein Herr
Philipp Eckhard der ehemalige Rentmeister hatte
durch seine weise Haushaltung und pünktliche Treue
diese Schuld in kurzer Zeit getilgt, die Bürger
erhielten ihre Alimenten wieder, nun segnet der
Dankbare das Andenken dieses vortreflichen Patrioten.

gefähr 20 Jahren her wieder besizt, und wo=
von dieselbe jährlich eine kleine Abgabe an die
Stadtkasse entrichtet; sie sind sehr beträchtlich
und beinahe allein hinreichend, die Bürger zu er=
nähren — Die Hauptquelle der Einkünfte,
welche die Stadt bezieht, sind die städtische
Güter, welche an die Bürger verpachtet sind—
Ladenburg besizt überhaupt eine Gemarkung
von 4449 und 1/4 Morgen, welche Aeker ei=
nige unbedeutende Strcke Sandfeldes ausge=
nommen, sehr ergiebig sind — Die Stadt hat
den beträchtlichsten Fruchtbau in der ganzen
Gegend; sie verkauft jährlich an Früchte ohn=
gefähr 5000 Mltr., an Grapp 2 bis 3000 Zent=
ner, an Tabak, welcher allerdings der fäste
am ganzen Rheinstrome ist, werden 5000 Zent=
ner ausgewogen, wovon der Stadt immer eine
kleine Abgabe entrichtet wird. An Holz, Wein,
und Wiesenwachs hat die Stadt Mangel; den
lezteren ersezt der häufige Kleebau, wodurch
die Bürger genöthigt sind, sich bei ihrer be=
trächlichen Viehzucht der Stallfütterung zu
bedienen, welche mit dem bästen Erfolge be=
trieben wird — Die Kurfürstliche Hofkammer
besizt die Schafweide, welche jährlich gegen

F 3.

eine anſehnliche Summe verpachtet wird. Die
Einkünfte der Stadt ſind überhaupt ſehr beträchtlich, und wären noch weit beträchtlicher,
wenn nicht beinahe alle Feldwege, und öffentliche Pläze mit Maulberbäumen beſezt wären,
welche die Kraft der Felder tief hinein aus-
ſaugen, und verhindern, daß die Straſſen und
Feldwege mit keinen nüzlichen Obſtbäumen
beſezt werden. Allein ſo beträchtlich die Einkünfte des ſtädtiſchen Aerariums ſind, ſo groß
ſind auch die Ausgaben. Alle öffentliche Per-
ſonen, Gebäude, Bräken, Pflaſter, Thoren
und Straſſen werden aus der ſtädtiſchen Kaſſe
unterhalten.

§. 55.

Die Stadt ſoll vor Zeiten einen ungeheu-
ren Wald den Ladenbug genannt, welcher
in dem Schriesheimer Thal liegt, beſeſſen haben — Nach der Nachricht, welche man in dem
Schriesheimer Zentbuch m) aus dem vorigen

m) *Copia.* Einfältiger — jedoch wahrhafter Bericht
wie es mit der Bach, ſo durch Ladenburg laufet,
beſchaffen.
Zu wiſſen, daß vor unerdenklichen Jahren die
Bach, ſo durch Schriesheim laufet, zwiſchen ge-
dachtem

Jahrhundert p. 183 und 184 findet, wurde
dieser Wald von der Stadt Ladenburg an
Schriesheim abgetretten, damit der Bach, welcher zwischen der Schriesheimer, und Ladenburger Gemarkung dem Neker zuströmte, durch
Ladenburg geleitet werden dörfte. Allein der
Bericht aus dem Schriesheimer Zentbuch hält
keine Proben der Kritik aus; denn man weiß
aus unläugbaren Urkunden, daß dieser Bach,
welchen man den Kanzelbach nennt, schon 3
bis 400 Jahre zuvor durch Ladenburg geflof-

bachtem Schriesheim, und Ladenburg abwegs in
den Nekar, und andern Orten gewendet worden,
ohnangesehen die von Ladenburg mit gnädigstem
Konsens der Kurfürstlichen Pfalz, der die Bach
proprie zustehet, zu ihrem Nuzen in die Stadt
lehren, so haten sie jedoch denen von Schriesheim
einen Wald zum Rekompenz angeboten, daß solche Bach, die denen von Schriesheim weder zum
Nuzen oder Schaden unterwegs fortgeschossen,
in die Stadt möge geleitet werden, wie dann
gedachte Schriesheimer den Wald angenommen,
und denen von Ladenburg um Ergözung zugelassen,
daß sie sonsten auch nicht hätten hindern können.

fen fei, und Mühlen getrieben habe n). Nun
ist leicht zu schließen, wie viel Glauben eine

n) Folgendes Diplom ist bei *Gudenus* sylloge var.
diplom. n. CLIV. p. 279 in der lateinischen Spra=
che zu finden — welches aber um jener Willen
wörtlich ins Deutsche übersezt ist, die in der la=
teinischen Sprache unerfahren sind.

Wir Eberhard, Stadtschultheis, Rathsver=
wandte, und die ganze Bürgerschaft von Lautem=
burg (Ladenburg) thun vermöge gegenwärtiger
Urkunde, welche sowohl für uns als unsere Nach=
kömmlinge gelten soll, zu wissen; daß der Ritter
Hartmann genannt von Lautemburg und Felizia
seine Gemalin, ihre Mühle, welche sie in unserer
Stadt Lautemburg besizen, dem Herrn Abte und
Konvente von Schönau um 200 Pfund Hallischer
Währung mit allen Gerechtsamen, und mit bei=
derseitiger Einwilligung verkauft haben — doch
mit dem Vorbehalt, daß gemeldter Abt und sein
Konvent an den Herrn Eberhard genannt von
Stralimburg Probsten von Nexhausen 6 Malter
Weizen, und eben so viel Gerst, wie auch an
den Rheinboto Ritter von Lautemburg 10 Sim=
mern Weizen von der Mühle jährlich zu entrich=
ten verbunden sein sollen — Gemeldtes Ehepaar
tritt die Mühle feierlich ab, und übergiebt sie in
die Hände des Herrn Abtes und seines Konven=
tes mit der Bache und mit dem Flußbette samt
allen Gerechtsamen, welche an dem Bache und an
dem

Nachricht verdiene, welche sich auf keine sichere Urkunden gründet, und von welcher der uninteressirte Theil weder Kenntniße noch einigen Antheil hat — Gesezt, daß der Austausch des Waldes seine Richtigkeit habe, wie kann man eine Bürgerschaft die gewiß keiner

F 5

---

dem Flußbette haften — mit eben dem Rechte, wie sie die Mühle bis auf den Tag, wo sie dieselbe verkauft haben, besaßen; eben so entsagten auch die Brüder des gemeldten Hartmann, und seiner Gemalin in unserer Gegenwart allen Ansprüchen, welche sie je auf die Mühle machen könnten. Wobei selbst das gemeldte Ehepaar dem Herrn Abte und seinem Konvente für die gehörige Gewährsleistung oder Garantie zu haften haben.

Allein weil diese Mühle zum Heurathsgute der gedachten Felizia gehört, so erklärte sie sich in unserer Gegenwart und beschwur es mit einem Eide, daß sie aus keinem Vorwande je einen Rechtsstreit gegen den Abt und sein Konvent erregen wolle.

Zu mehrerer Bekräftigung dieses Kontrakts, welcher mit allen Feierlichkeiten geschloßen wurde, haben wir unser Stadtsigill beigedrukt.

Gegeben und geschehen im Jahre des Herrn 1284 am Vorabend vor Paulsbekehrung.

andern an feiner Ausbildung und guten politischen Verfassungen je nachgegeben hat, einer so großen Kurzsichtigkeit beschuldigen, daß sie ein beträchtliches Eigenthum für einen Bach hingeben konnte, dessen wirkliche Leitung durch die Stadt Ladenburg nach dem Schriesheimer Berichte selbst nicht konnte verhindert werden. Wären die Dokumenten des städtischen Archivs nicht ein Raub der Flamme und des Krieges geworden, man würde sicher eine Gleichheit im Austausche finden.

§. 56.

Gleichwie beinahe alle Städte in Deutschland ihre besondere Gebräuche und Feierlichkeiten haben, also hat auch Ladenburg die seinigen, welche aber von keinem Belange mehr sind — Der Tag des heiligen *Antonius* des Einsiedlers ist besonders merkwürdig, und so viel man schließen kann, so war eben dieser Heilige in dem spätern Zeitalter der Patron der Stadt — An diesem Tage versammelt sich der Rath auf dem Rathhause, wo die besondern Gesäze, und Gerechtsamen, welche die Stadt besizt, in Gegenwart der Bürger abgelesen werden. Man ernennet einen neuen Bür-

germeifter o): vier Deputirten der Bürgerschaft, welche sich in allen wichtigen Verhand-
lungen unterschreiben müssen; vier Viertelmei-
ster, deren Pflicht es ist, für Ordnung bei Ein-
quartierungen zu sorgen, die Häuser von Vagabunden und schlechtem Gesindel zu reinigen,
und für die Beobachtung der Feuergesäze zu
wachen — zwei Prokuratoren, welche verbunden sind, die Klagsachen der Bürger vor dem
Stadtrathe zu verfechten, wenn sie dazu auf-
gefordert werden. Ferner werden auf diesen
Tag alle öffentliche Kontrakte geschlossen, neue
Polizeigesäze verkündiget, die neuen Bürger
feierlich aufgeführt p) Alimenten angewiesen,
und alles Vergehen gegen die Polizeigesäze
bestraft. Bei dieser Versammlung findet sich

---

o) Nach der Bürgermeisterwahl versammeln sich
die Kinder vor dessen Hause, und rufen demselben unter dem Obstsammeln, welches unter ihre
wimmelnde Menge ausgeworfen wird, ein glük-
liches Bürgermeisteramt zu.

p) Der Bürger, welcher neu aufgenommen wird,
erscheint bewaffnet auf dem Rathhause, er trägt
seinen Feuereimer bei sich, und thut vor dem
Rathhause einige Flintenschüsse.

die katholische Geistlichkeit ein; der Stadtpfarrer hält hier eine kurze Rede an die versam-
melten Armen, welche das Eikingische Almosen geniesen. Dankbare Erinnerung an ihre
hohen Wohlthäter, ein Betragen, welches dieser Wohlthaten würdig ist — ist meistens der
Stoff dieser Ermahnung. Nach dieser Rede
wird in der Antonius- oder Spitalkapelle q)
eine heil. Messe gelesen, welcher ehedessen der
Stadtrath beiwohnte, nun aber ist dieser Ge-
brauch außer Uebung gekommen. Hierauf
werden dem Stadtrathe die Neujahrsgelder gereicht, welche unter dem Namen der Antonius Büchse bekannt sind. Auf dem Antonius Tag muß ferner der Eigenthümer eines
Hauses, welches man den steinernen Stok
nennet, 15 fl. bezahlen, welche ehedessen an

---

q) Das Schikfal dieser Kapelle war immer einer-
lei mit dem Schiksale der Galluskirche von den
Zeiten der Reformation an — Nun befindet sie
sich in dem alleinigen Besize der Katholischen —
wöchentlich wird wenigstens einmal Messe in derselben gelesen — wofür dem zeitlichen Stadt-
kaplane das Holz welches er den Winter hindurch
nöthig hat, gereicht wird.

arme Studirende abgereicht wurden, nun aber
werden dem katholischen Schulmeister 10 fl.
für den Unterricht der armen Kinder bezahlt, das
übrige wird für Brod verwendet, welches unter die Kinder vertheilt wird. Diese Feierlichkeit
endigt sich mit einer Mahlzeit, welche der neu
erwählte Bürgermeister meistens einige Tage
nachher veranstalten läßt.

§. 57.

Unter den Gewohnheiten, welche in Ladenburg herrschen, zeichnet sich das sogenannte
ungebottene Gericht aus, welches noch ein
Ueberbleibsel altdeutscher Gerechtigkeitspflege
ist — Auf ein gegebenes Glokenzeichen versammelt sich der Stadtrath in schwarzen Mänteln
samt der Bürgerschaft auf dem Rathhause —
Jeder Bürger muß sich bei seiner Annahme mit
einem Eide verbinden, wenn das Glokenzeichen zum ungebottenen Gerichte gegeben wird,
auf dem Rathhause zu erscheinen; welcher
Eidschwur nicht mehr zu binden scheint, indem
niemand mehr mit Ernste angehalten wird,
dieses Gericht zu besuchen. Das Gericht selbst
wird auf folgende Art eröffnet: der Stadtschultheis fragt im Angesichte des Raths, und

der Bürgerschaft den Bürgermeifter r) ob es
erlaubt fei, das Quartalgericht zu halten?
fobald der Bürgermeifter diefes bewilliget hat,
fo fragt er ferner, wozu er die Bürger ermah-
nen folle? Der Bürgermeifter antwortet, daß
fie dem Landesfürften getreu find, alle ruchba-
re Lafter, als Hochverrath — Mord — Räube-
reien, und dergleichen anzeigen, und fich überhaupt als rechtschaffene Bürger betragen, welches der Stadtschultheis pünktlich befolgt —
hierauf tretten die Bürger ab, fezen ihre Be-
fchwerde fchriftlich auf, und überreichen die-
felbe dem Stadtrathe. Das Refultat ift immer, daß der Stadtrath alles beforgen werde, worauf fich diefes politifche Zeremoniell
endiget — Das ungebottene Gericht war in
feiner Entftehung ein trefliches Inftitut, wo
nämlich alle Klagen der Bürger pünktlich und
unentgeldlich beigelegt wurden — allein es ift
wie man in Ladenburg allgemein behaupten
will, feit vielen Jahren ausgeartet, und verdiente eine ftrenge Reform.

---

r) Noch ein fchwacher Sttal altdeutfcher Freiheit.

§. 58.

Der Stadtrath hält jährlich einen Umgang um die Gemarkung, wo meistens die Gränz-steine untersucht werden, für diesen Umgang werden demselben 20 fl. aus der städtischen Kaße gereicht — Auf die Fastnacht gehen 8 jun-ge Bürger mit Trinkgefässen, und Eßwaren, die sie an einer Stange tragen, in der Stadt herum, sie sammeln Geld, und andere Vik-tualien bei den Bürgern — Man giebt diesen Leuten den idiotischen Name Weinschröter, weil sie die Weine der Bürger ohnentgeldlich in die Keller schaffen müssen. Die Kontrovers-predigt, welche jährlich am Feste des Fron-leichnamsKristi auf dem öffentlichem Marke ge-halten wird, gehört eigentlich zu den kirchlichen Feierlichkeiten — Welche herrliche Früchte könn-te man bei einem so zahlreichen Zusammenlau-fe des Volkes ärnden, wenn die Heiligste der Religionen nicht als Widersagerin sondern als die Quelle der reinsten und aufrichtigsten Bruderliebe aufgestellt würde!

§. 59.

Die Stadt macht wegen den Thärnen und Kirchen einen majestätischen Anblik — sie ist

im Rundell gebaut, und hat ohngefähr eine
Viertelmeile im Umfange. Die Gassen in Labenburg sind unregelmäßig angelegt, wie in allen Städten älterer Zeiten wo man wenige Rüksicht auf Geschmak und Simetrie genommen
hat. Die Hauptstraße läuft vom Nekerthore
bis auf das Schriesheimer Thor, sie war ehedessen sehr enge, da die Kellerthüren weit in
die Straße hinein reichten, nun aber ist sie
geräumiger, da dieselbe auf obrigkeitlichen Befehl hinweggeschaft wurden. Der Mark liegt
hart an der Hauptstraße, und ist gleichsam der
Vorhof der Galluskirche. Er ist überhaupt
der reizendste Plaz in der Stadt, da um denselben meistens Häuser nach dem neuesten Geschmake aufgeführt sind. Die Stadt wurde
in Zeit 20 Jahren, da sich der Geschmak der
Bürger sehr verfeinert hat, ungemein verschö-
nert. Nebst den verschiedenen ganz neuen
Gebäuden zeichnet sich der Bischoffshof, die
Galluskirche, das Spital, der Sturmfederi-
sche Hof und das Rathhaus besonders aus.

§. 59.

Die Stadt wird in Quatrate oder Viertel
getheilt, in das Rindgauviertel, das Neker-

viertel

viertel, in das Kirchen- und Schriesheimer Viertel — Sie hatte ehedessen 4 Thore, wovon aber 2 das Heidelberger und Martinsthor geschlossen sind. Die neuesten Gebäude der Stadt, welche zwei hundert und drei Häuser in sich begreift, sind am Ende des 17ten und im Anfange des 18ten Jahrhunderts erbaut worden — Die Hauptstraße ist reinlich, und bequem, für die Reinlichkeit der übrigen aber sind keine Anstalten getroffen. Ausserhalb der Stadt sind sehr schöne Alleen, und Spaziergänge angelegt, in welchen die ländliche Schönheit in ihrem vollen Reize erscheint. Nichts ist fähiger die schlaffen Kräfte, des Menschen wieder aufzuweken, und dem niedergedrukten Geiste neue Kraft, und einen neuen Schwung zu geben, als solche Einrichtungen — Freilich sind dieselbe von der Eisflute im Jahre 1784 sehr beschädigt worden, allein sie sind weit geschmakvoller hergestellt, als sie zuvor waren. Daß in Ladenburg nichts mangelt, was zur Bequemlichkeit des Lebens gehört, beweisen die schönen Gärten, die um die Stadt angelegt sind. — Nicht der Pracht oder Lupus ist ihre erste und wesentliche Bestim-

mung, sondern der Nuzen, und die ländliche Ein=
falt. Die Linde an dem Schriesheimer Thore,
welches wirklich neu aufgebaut ist, ist maje=
stätisch, und reizt den müden Wanderer zur
Ruhe. Unter derselben ist ein Schießhaus
angebracht, in welchem sich ehedessen eine große
Schüzengesellschaft mit allen Feierlichkeiten,
und einem außerordentlichen Zusammenflusse
von Menschen aus den angränzenden Städten
und Oertern ergözte — Die Stadt besizt zwei
Ziegelhütten, zwei Leimsiedereien, drei Mahl=
nebst einigen Oehl und Ihsmühlen.— Wenn
je eine Stadt zum Handel bequem, und zu
Fabriken, und Manufakturen gelegen ist,
so ist es Ladenburg; der wirkliche Anwald=
schultheis Herr Michael Eisenbard ist der ein=
zige, welcher eine Grappmühl in Ladenburg
besizt, und obschon dieselbe noch weit von ih=
rer Vollkommenheit entfernt ist, so ist dennoch
der Absaz, der jährlich gemacht wird, be=
trächtlich, und eben ein Beweis, wie blühend
die Fabriken werden könnten, welche in La=
denburg angelegt würden; wo die Zufuhren
der Materialien sowohl zu Wasser als zu Lande
leicht wären, und wo man Ueberfluß an allem

hat, was zur Bequemlichkeit des Lebens er-
fodert wird.

§. 60.

In Ladenburg zählt man 360 Familien,
welche überhaupt aus 1826 Seelen bestehen,
unter denen sich 326 Reformirten, 245 Lutherischen, und 75 Juden befinden.   Die übrigen sind Katholische.   Unter den Einwohnern
giebt es keine Leibeigene, welches die Vorzüge, so die Stadt auch in den Zeiten der Barbarei genossen hat, an ein günstiges Licht stel-
let — Das gesunde Klima, das vortrefliche
Wasser, die Ergiebigkeit des Erdbodens, die
Bergkette gegen Nordosten, welche die Stadt
vor den rauhen Winden schützet, und das
Wachsthum des Getreides durch das Zurük-
prellen der Sonnenstralen ungemein befördert,
macht Ladenburg zu dem angenehmsten Orte —
Mit der natürlichen Beschaffenheit Ladenburgs
stimmt auch die politische und sittliche überein.
Die Inwohner verbinden mit der Gefälligkeit
im Umgange ein mittelmäßiges, und unlästiges
Etiquete, welches freilich nur von den Einwohnern vom Stande zu verstehen ist. Sie haben in
der praktischen Oekonomie wenige oder gar

G 2

keine ihres Gleichen im Vaterlande. Wischt
man die beissenden Kritiken, und die scharfen Be-
obachtungen einiger Einwohner gegen andere
hinweg, welche überhaupt in kleinen Städten
eine herrschende Seuche sind, so ist Ladenburg
die glüklichste Stadt.

<h2 style="text-align:center">§. 61.</h2>

Die Polizeianstalten in Ladenburg sind einige unbedeutende Punkte ausgenommen, vortreflich — und eben in dieser Stadt hat man
den überzeugenden Beweis, daß die Anmer-
kungen einiger Reisebeschreiber nicht Stiche halten, welche von der umherschwärmenden Menge der Bettler auf schlechte Polizeianstalten
schliessen. Läugnen kann man es nicht, daß
die Gassen immer von fremden Bettlern wim-
meln, welche meistens Kinder eines Landes
sind, wo jede Hand, wenn sie nur arbeiten
will, Brod gewinnen kann, und wo die Hand-
werker und Akersleute meistens nach Taglöh-
nern seufzen — verdiente nicht dieses Gesindel,
daß man ihm jede Stadt verböte, folglich alle
Gelegenheit entrisse, seines Müssigganges zu
pflegen? Auf allen Nebenstrassen sind Dung-
gruben angebracht, welches häßliche Gegen-

Länder für das Aug und den Geruch sind — würde sich nicht eine weise Obrigkeit unsterblich machen, wenn sie dieses Uebel, welches der Gesundheit nnd dem Vergnügen so nachtheilig ist, entfernete?

§. 62.

Ladenburg bezahlt jährlich 4442 fl. 45 kr. Schazung nebst gewissen Abgaben, wodurch den besondern Bedürfnissen des Landes gesteuert wird z. B. Bethgeld, Rheinbau, und Husarengeld, welches leztere die Schäfer, Juden, und Hochrichter zu bezahlen haben. Der Zoll und Akzis ist wegen dem Tabak- Holz- Grapp- und Fruchthandel sehr beträchtlich. Die Kurfürstliche Hofkammer, die Lazaristen, und der Bischoff von Worms besizen die Zehenden in Ladenburg. Der Wormsische Antheil ist von seiner ursprünglichen Bestimmung her ein Theil des bischöflichen Tafelgeldes. Die Lazaristen besizen zugleich den Novalzehenden. Der Stadtrath besteht aus einem Stadtschultheisen, Anwaldschultheisen, Stadtschreiber, und 7 Rathsverwandten, unter denen sich 1 reformirter, und 1 lutherischer befindet. Dieses Gericht ist überhaupt mit edel-

G 3

denkenden Männern besezt, welche der wärmste Patriotismus belebt, wenn es um die Rechte, oder das Wohl der Bürgerschaft zu thun
ist. s)

§. 63.

Die Gesundheitsanstalten in Ladenburg
sind so vortreflich, daß vielleicht die volkreichste
Stadt hierin keine Vorzüge hat. Die Stadt hat
ihren eignen Oberamts-Phisicus t) welcher wirklich als Lehrer der Heilkunde in Heidelberg angestellt ist; seine Stelle vertritt Herr Doktor Sie-
gel ein junger Mann; der aber die ausge-

___

s) Der wirkliche Stadtrath besteht aus folgenden
    Gliedern:

    Herr Jakob Reineker, Stadtschultheis, und Kir-
    chenschaffner.

    Herr Michael Eisenhard, Anwaldschultheis.

    Herr Franz Anton Kiesser, Stadtschreiber.

    Herr Georg Zentner, Bürgermeister.

    Herr Kaspar Egery.
    Herr Tobias Hohbach.
    Herr Fridrich Lellbach.
    Herr Peter Eisenhard   } Rathsverwandte.
    Herr Fridrich Schornberger,
       Rentmeister.
    Herr Franz Heinrich Graus-
       mann.

  t) Herr von Oberkamp.

breiteften Kenntniffe in feinem Fache mit dem
bäften Herzen verbindet, und fich durch feinen
Fleiß und Thätigkeit einen nie welkenden Ruhm
bei der Bürgerfchaft erwirbt. In Ladenburg
trift man zwei Apotheken an, die fich in dem
bäften Zuftande befinden — und an treflichen
Wundärzten fehlt es der Stadt nicht.

<h3 style="text-align:center">§. 63.</h3>

Das find die Hauptzüge von der Gefchicht
einer deutfchen Stadt, deren bemoßte Thürne, zerfallene Mauren, und weit um fich her
zerftreute Ruinen noch laut von ihrem ehemaligen Glanze und Wichtigkeit fprechen — Allein
alles, was feine Größe vom Sterblichen ent-
lehnt, ift dem unabänderlichen Gefäze der Zer-
gänglichkeit, dem immer fortrollenden Wechfel
der Schikfale unterworfen — Ladenburg war
die erfte Stadt im öftlichen Deutfchlande, ihre
ftolzen Nebenbuhlerinnen Mannheim und Heidelberg lagen noch in dem tiefen Kaos, da diefe Stadt fchon Epoche machte — und würde
diefe nicht das Looß getroffen haben, an einen
Bifchoff verfchenkt zu werden, würden wohl
Mannheim und Heidelberg jemale einen fo hohen Glanz erreicht haben? — Würde wohl eine
Stadt der Aufmerkfamkeit vieler Fürften von
dem ausgebildeften Gefchmake entgangen fein?
welcher die Natur ihre Reize verfchwenderifch
mitgetheilt hatte; Zu deren Verfchönerung die
Kunft und Genieß alles beigetragen hatten, wel-

che die Residenz der größten Monarchen ihrer Zeit und der Lieblingsaufenthalt vieler Fürsten und Kirchenhäupter war, doch der Ewige, Unerforsche liche, dessen Verhängnisse der schlichte Erden waller im Staube anbethen muß, lenkt die Schiksale, welche über Reiche und Städte ent scheiden.

Diese Geschicht ist übrigens mit dem reinsten Wahrheitsgefühle, mit der treuesten Darstellung der Begebenheiten, ohne Tadelsucht, ohne Vorurtheile, und ohne alle Anhänglichkeit niederge schrieben. Sollte der Kritiker auf kleine Unrichtigkeiten stossen, welche in die kirchlichen, politischen, statistischen oder andern topographischen Nachrichten eingeschlichen sind — so bedenke man nur, daß sich noch kein Sterblicher durch all sein Bestreben je die Gabe der Unfehlbarkeit erworben habe; und daß es Herkules Arbeit sei, eine Geschichte in der dunkelsten Vergangenheit aufzuspüren, sie in ihrem ganzen Umfange zu beleuchten, und aus tausend labirintischen Datis eine Kette zu schmieden; wo das Archiv zu Grunde gegangen ist, wo alle Urkunden vom Feinde vernichtet, oder vom Moder aufgefressen sind, und wo endlich der Zutritt zu jenen Gewölbern verschlossen ist, wo noch ächte Nachrichten einzuholen wären — Ich lieferte nur eine Skizze, vielleicht wird dieselbe alsdenn zu ihrer Vollkommenheit gebracht, wenn mehrere Lüken in der vaterländischen Geschichte ausgefüllt, mehrere Unrichtigkeiten beleuchtet, und mehrere Entdekungen gemacht sind.